Le Journal d'une Ex-grosse

Anna Austruy

ÉDITIONS FRANCE LOISIRS

Le B.A.-BA
du régime

Maigrir ET ne pas regrossir *← un sacré boulot* 8
« J'aurais pas un peu grossi ? » 10
Mon régime, ma bataille 12
Assumer son poids… ou avoir le déclic du régime 14
Inconvénients au quotidien de nos kilos en trop 16
Le régime miracle 18
Maigrir, ou l'éloge de la lenteur 22
Là où il n'y a pas de plaisir, il n'y a pas de régime 24
Comment faire pour manger moins ? 26
Tout est une question d'équilibre 30
Mon sport à moi : le patinage artistique à la télé 32
Une solution… la natation ou l'aquacycle 34
Les bienfaits du sport *(si, si !)* 36
Pratiquez le sport, ni vu ni connu 38
Démotivation, quand tu nous tiens… 40
Je ne mange pas beaucoup, mais je grossis. *Ah bon ?* 42
Mais pourquoi je ne maigris pas plus vite ?! 44
J'ai maigri… mais je ne maigris plus. *À l'aide !* 46
Pourquoi après un régime, je regrossis systématiquement ? 48
On se motive ! 50
Un jour, mon mince viendra 52
Comment maintenir mon poids après avoir minci ? 54
La chirurgie esthétique *← un petit coup de pouce final* 56
Le pouvoir de poser la fourchette 57
L'indicateur « grosseur » : l'IMC 58

Un régime sans famille ?

Comment concilier mon régime avec ma vie de famille ? 62
J'adore la bonne bouffe 66
La question maudite : « qu'est-ce qu'on mange » ? 68
L'horreur de la cuisson vapeur 70
Ma fille est végétarienne *mais moi j'aime le pâté* 72
Préambule aux recettes : cuisinez à l'instinct ! 74
Idées pour un apéro minceur 76
La soupe maison *(sans corvée d'épluchage)* 78
De bons petits croûtons sans matières grasses 80
La salade régime, pas déprime 82
Quelques sauces allégées 86
Des légumes à chaque repas 88
J'aime les pommes de terre 92
Un bon plat de pasta ! 94
Solution quiches & tartes 96
Pause sandwich 98
La viande pendant le régime 100
Poulet et dinde : option minceur 102
Régime grillades... été comme hiver 104
Poisson et fruits de mer, de bons alliés minceur 106
Les œufs : pour des plats rapides et pas chers 110
Des crêpes pas grasses du tout 111
Une mousse au chocolat *super light* 112
Salades de fruits faciles 113
Petit déjeuner malin 114

Les tentations à maîtriser

Vraie mince *vs* fausse mince 118
Pourquoi je n'arrive pas à résister à la tentation ? 120
Comment tenir pendant tout mon régime ? 122
Je booste ma motivation à mi-parcours 124
Expériences (ratées) de la privation 126
Les multiples tentations de la boulangerie 128
Pause-café 130
Faut-il se priver de dessert ? *impossible* 132
Faut-il bannir la crème fraîche du réfrigérateur ? 134
Fans de gruyère râpé, levez la main 135
Le fromage blanc, un faux ami du régime 136
Vinaigrette pas bête ! 138
Évitez les excès de l'apéro 140
Le bol de cacahuètes 142
La pâte feuilletée : danger ! 143
Comment recevoir des invités quand on fait régime ? 144
Test : savez-vous équilibrer un plat ? 146
Le régime même en vacances ? 148
Sangria d'été *olé* 150
Pourrai-je boire du vin lors de mon régime ? 151
Tu grignotes ? non, je fais une collation 152
Envie de chips et de bonbons en voiture : non ! 154
J'adore grignoter devant la télé 156
À l'attaque du petit creux de l'après-midi ! 158
Le grignotage : posez-vous les vraies questions 160

Carnet pratique
d'une cuisinière avertie

Le désespoir du frigo vide 164
Faire ses courses en étant affamée *grossière erreur* 166
Mes petites courses indispensables 168
Mon matériel de base en cuisine 172
Lisez bien les étiquettes ! 174
Le marché de saison 178
Les conserves du placard 182
Organisation et congélation 184
Manger sain = manger bio ? 186
Cauchemar en cuisine : le poulet au gros sel 188
Mes gros ratages en cuisine .... *À l'aide !* 189
Mes astuces cuisine : à base de farine ! 192
Mes astuces cuisine : pour plus de goût 194
Mes astuces cuisine : pour diminuer les calories 196
Mes astuces cuisine : anti-gaspillage 198
Mes astuces cuisine : que faire des restes de fromage ? 200
Marinade scientifique 202
L'eau est-elle mon vrai partenaire minceur ? 204
Ne salez pas trop ! 206
Réduire l'huile 208
Le bon goût du vin cuit 210
L'avantage du restaurant… 212
Les bons choix au restaurant *(= légers)* 214
C'est quoi concrètement faire un régime ? 218
Je m'y mets ! 220

Mon hymne « Moi je veux maigrir » → 222

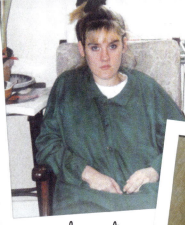

Avant

Après

LE RÉGIME,
pourquoi je dois en passer par là…
(mais… pourquoi pas moi, je peux y arriver aussi !)
= le B.A.-BA du régime

~ 1 ~
Maigrir *et* ne pas regrossir : *un sacré boulot*

Je m'appelle Anna et, il y a 18 ans, j'ai perdu **35 KILOS** et je n'ai pas envie de les reprendre. J'ai envie de vous transmettre les petits secrets de cette grosse réussite. Depuis quelques années, l'objectif que je me suis fixé est de maintenir mon poids actuel le plus longtemps possible.

> **C'EST BON DE SE SENTIR BIEN, PAS MINCE, MAIS BIEN.**

LA PLUS GRANDE DIFFICULTÉ N'EST PAS DE MAIGRIR, MAIS DE NE PLUS REGROSSIR.

Je pense souvent aux efforts que j'ai fournis pour maigrir et si on m'avait dit « Il faudra faire tout ça », je n'aurais pas commencé. Par contre, quand je constate les résultats, je m'y collerais de nouveau tout de suite. **J'AI TROUVÉ EN MOI TELLEMENT DE FORCE ET DE COURAGE** pour changer, qu'après, j'ai eu la sensation que tout était accessible, facile et que je pouvais tout tenter dans ma vie. J'en avais la possibilité et même si je n'avais pas un niveau intellectuel bac ++++ je pouvais faire des choses. J'avais comme une revanche sur mon enfance, mon adolescence, ma jeunesse où ma seule protection était mon cocon familial. J'avais envie de prouver au monde entier que je pouvais être intelligente, rigolote, sympa, créatrice et, pourquoi pas, belle et sexy (là, il faut demander à mon mari et à mes amies…) et pas seulement la bonne copine confidente, **BOUTONNEUSE ET GROSSE**.

Ne vous est-il pas arrivé de retrouver une ancienne photo de vous en rangeant un tiroir ? Et de constater que vous n'étiez pas si mal que ça ! Si seulement vous aviez su à l'époque vous contenter de ce que vous étiez… En fait, ce poids-là vous allait parfaitement et pourtant vous vouliez déjà maigrir.

Vous auriez pu cibler vos efforts en tentant d'arrêter de grossir !!!

> Une phrase culte m'a aidée pendant tout mon amaigrissement. Je vous la livre, car je sais qu'elle est efficace :
> « Tout ce que vous aimez manger existera toujours. »
> La pâtisserie, la charcuterie, le fromager, le glacier ne vont pas fermer parce que vous avez décidé d'être au régime.

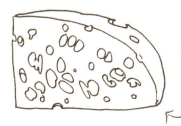

Même les trous sont caloriques ?

~ 2 ~

« J'aurais pas un peu grossi ? »

IL Y A UN MOMENT OÙ ON N'EST PAS PRÊTE À VOIR QU'ON EST GROSSE : on ne se pèse plus, on ne change même plus les piles de la balance, on ne souhaite pas être prise en photo, sauf la tête (sur les photos de groupe, regardez : vous êtes au fond, on voit juste votre visage). Pour les vidéos, on est absente et on vire les miroirs de plain-pied pour ne garder que le miroir de poche pour se faire un ravalement (= maquillage). Quand l'été arrive avec son beau soleil, les filles, fini la doudoune, le manteau, les longs pulls… il faut débâcher !

Et là, ON RÉAGIT.

CONSULTEZ UN MÉDECIN AVANT DE COMMENCER UN RÉGIME, je vous le conseille vivement : n'entreprenez rien seule, car c'est le meilleur moyen de faire des bêtises. C'est notre capital santé que l'on doit préserver ! Et bien sûr, n'oubliez pas votre bon sens, c'est aussi un bon guide pour votre projet **PERTE DE POIDS.**

Je ne me fais pas prier pour la manger…

QU'EST-CE QUI M'A FAIT GROSSIR PENDANT TOUTES CES ANNÉES ?

Je me suis souvent posé cette question, à laquelle j'ai pu répondre en faisant un bon régime sous la surveillance d'une diététicienne et de mon médecin traitant :

- En fait, je mangeais carrément trop du matin au soir, sans interruption.
- Mes choix alimentaires étaient plutôt gras et sucrés (des frites avec de la mayonnaise et une religieuse au chocolat en dessert).
- Je ne connaissais pas les légumes, à part la salade verte.
- J'ai fait trop de régimes stricts.
- Je grignotais toute la journée.
- Je ne faisais pas de sport (heu… qui me parle ??)
- J'ai trop d'amis (du coup, trop de sorties).
- Je mangeais trop de pizzas et de plats achetés chez le traiteur.

Et pour vous peut-être :

- Un excès d'alcool peut aussi être une cause de prise de poids.
- Un changement de vie, de repères, de pays.
- L'hérédité peut jouer un rôle.
- Des traitements médicaux…

Mon régime, *ma bataille*

QUEL EST MON OBJECTIF MINCEUR ?

UNE MAJORITÉ DE PERSONNES VEUT PERDRE DU POIDS. J'ai même entendu à la télé une ministre dire qu'elle se surveillait pour 3 kilos qui vont et qui viennent. Un ministre, ça mange, rassurez-vous. Le plus important pour maigrir est d'avoir un objectif clair et précis. Avoir juste envie de maigrir ne suffit pas. **CAR APRÈS AVOIR PERDU 3 KILOS ON FAIT QUOI ???**

> SOYEZ PRÉCISE, JE VEUX MAIGRIR
>
> POUR …

Pour maigrir, il faut se battre telle une enragée face à un lion. Donnez-vous les moyens. **DITES-VOUS QUE SI D'AUTRES PERSONNES ARRIVENT À PERDRE DU POIDS, POURQUOI PAS VOUS ?**

Ne vous affamez pas. Adolescente, j'avais tellement faim, quand je faisais des régimes à 600 kcal/jour, que j'aurais mangé n'importe quoi sur la tête d'un pouilleux. J'ai même convaincu mon frère Sacha, âgé à l'époque de 7 ans, de me donner son sandwich. En échange, j'ai dû être à ses ordres une journée entière. Ce que l'on peut faire par gourmandise…

POURQUOI je n'ai jamais eu de difficultés pour choisir entre une soirée au restaurant et une partie de tennis ???

Je capitule facilement

Petite blagounette qui m'a bien fait rire quand je l'ai lue...

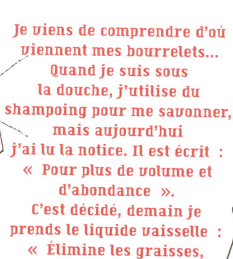

Je viens de comprendre d'où viennent mes bourrelets... Quand je suis sous la douche, j'utilise du shampoing pour me savonner, mais aujourd'hui j'ai lu la notice. Il est écrit : « Pour plus de volume et d'abondance ». C'est décidé, demain je prends le liquide vaisselle : « Élimine les graisses, même les plus tenaces. »

~ 4 ~
« Mets une gaine et laisse-nous tranquilles ! »
Assumer son poids… ou avoir le déclic du régime

NOUS METTONS SOUVENT DU TEMPS AVANT D'AVOIR LE DÉCLIC ET DÉCIDER DE S'OCCUPER DE SOI, DE SE PRENDRE EN MAIN, DE CHANGER. Aujourd'hui, le seul regret que j'ai, c'est de ne pas m'être décidée plus tôt. Ce n'est pas grave. En fait, l'important c'est d'avoir décidé un jour. Surtout quand au fil du temps, de petites choses nous dérangent et ce cumul nous fait prendre la bonne décision :

« Aujourd'hui, je commence un régime »

Quel a été mon déclic ? C'était un dimanche après-midi photo, chez mes beaux parents. Nous revivions autour d'une part de gâteau les dernières vacances en nous passant les photos les uns les autres quand, soudain, la photo choc : Anna en mode baleine « Sauvez Willie ». Si j'avais eu des lasers à la place des yeux ce jour-là, la photo ne serait plus de ce monde. Dès cet instant, ma décision était prise : c'était la goutte qui venait de faire déborder le vase. **J'AI RÉALISÉ QU'IL FALLAIT QUE JE MAIGRISSE.**

+ 35 kilos au compteur... soit 4 packs d'eau

J'ai fait tellement de régimes depuis mon enfance, qu'à un moment, je me suis même posée la question : « **À QUOI BON ?** Assume ton poids, mets une gaine et laisse les autres tranquilles ! » Plus facile à dire qu'à faire car mine de rien, avec un surpoids de 35 kilos dans une gaine, on est, je vous assure, en apnée, au bord du coma tellement ça serre.

Et j'arrête de manger les quignons de pain sur le chemin du retour à la maison. D'ailleurs, mon mari pense que la boulangère devrait fabriquer du pain sans quignon...

~ 5 ~
« Dis donc, t'as bonne mine ! » Marre des compliments pour grosse !

Inconvénients au quotidien de nos kilos en trop :

- Trouver un collant à la bonne taille : courage ! Quelle sensation désagréable quand le collant ne monte pas jusqu'à l'entrejambe et glisse en permanence.
- La jupe qui remonte jusqu'au nombril dès que l'on marche ou que l'on s'assoit.
- Les irritations entre les cuisses et les pantalons usés, à cause des frottements de l'intérieur des cuisses.
- Le chemisier qui fronce au niveau des boutons, en laissant apparaître notre poitrine.
- Les pieds gonflés dans des escarpins en cuir après quelques heures passées debout.
- Les bretelles du soutien-gorge que l'on souhaite de plus en plus larges pour tenir notre poitrine et épargner nos épaules.
- L'élastique de la culotte qui vous scie le haut de la cuisse… au risque de provoquer des hémorroïdes tellement la circulation du sang est coupée.

o Toutes ces tenues que l'on choisit avec élastique pour être plus confortable.

o Ces manteaux ou robes soi-disant larges qui, en fait, nous moulent.

o Dans les magasins, ces vêtement qui nous plaisent et qui n'existent ni à notre taille ni dans la couleur que l'on aime.

o Ces maillots de bain qui ne cachent jamais notre culotte de cheval, appelée aussi « grande hanche » (moi, perso ma culotte de cheval était aussi large que mes épaules).

o La perte d'envie de s'habiller, d'être coquette, l'adoption systématique des tenues de sport.

o Une transpiration intensive au moindre effort.

o Les joues toujours rouges. Ah ça !!! J'avais bonne mine quand j'étais grosse…

o L'impossibilité de courir derrière le bus quand il est sur le point de repartir.

o Notre démarche en balancier.

o Les regards sévères que nous jettent les passagers des transports en commun quand nous sommes assis sur une banquette ou debout prêts à nous asseoir : les gens ont peur qu'on les écrase.

o Il est tellement difficile de se baisser quand on est en surcharge pondérale que faire ses lacets est une vraie corvée.

o Se mettre à quatre pattes pour jouer avec nos enfants, leur courir après : mission impossible.

o Côté médical : risques cardio-vasculaires, mauvaise circulation sanguine, essoufflement, douleurs diverses, mauvais bilan sanguin…

Le régime miracle, *heu…* vous y croyez, vous, *aux miracles ?*

J'étais très bonne cliente des recettes miracles pour maigrir. **MAIS SACHEZ QUE POUR MAIGRIR, IL N'Y A PAS DE MIRACLE.** Même si les miracles existaient, imaginez deux secondes que, s'ils ne tombaient pas sur vous, vous devriez vous débrouiller. Choisissez un régime sérieux, adapté à votre mode de vie, où vous serez suivies et aidées. Arrêtez de vous faire du mal, de vous priver, soyez heureuses de manger sainement.

Avec toutes les réflexions qu'on entend, **C'EST VRAI QU'ON EST PRÊTE À TOUT POUR MAIGRIR.** Un jour, je discutais avec une dame sympathique, j'avais 22 ans à l'époque, elle m'a demandé gentiment : « Vous êtes enceinte de combien de mois ? », « Heu, désolée, je ne suis pas enceinte, mais grosse… ». J'ai fait mine de ne pas être blessée, mais je l'étais.

> **J'étais désespérée : mon fessier ressemblait à un canapé 2 places, mes mollets à ceux des catcheuses, mon ventre à celui d'une femme enceinte et mes orteils à des saucisses cocktail.**

Une chose positive : je n'ai jamais eu des grosses joues.

LE RÉGIME « ANANAS »

À chaque fois que nous avons fait des régimes bidon, comme une cure d'ananas pendant 5 jours, et bien nous avons perdu (à croire qu'il fallait épuiser les stocks de ce fruit pour imaginer un régime pareil). Mais qu'avons-nous perdu ? De l'eau, du gras (sûrement, c'est déjà assez dur de manger seulement de l'ananas quand on rêve de manger de tout) et du muscle. Donc après les 5 jours de fruits, vous avez moins de muscles qu'avant. Conséquence, sur une chaise au repos vous brûlerez moins de calories après la fameuse cure de fruits.

CE N'EST PAS SUPER RASSURANT TOUT ÇA !

Au secours !

Régime SOUPE AU CHOU

J'ai le souvenir d'un régime atroce à base de chou, sous forme de soupe. Un truc pareil, ça vous détruit la baraque en plus de vous mettre les intestins en vrac.

Cette odeur, c'est intenable !

ŒUF, ÉPINARD, TOMATE

AU BOUT DE 13 JOURS AVEC UNIQUEMENT CES 3 ALIMENTS, VOUS SATUREZ. Quand la méthode indique le 14ᵉ jour « journée libre », alors là, c'est 6 mois de lâchage complet sans interruption tellement la frustration est sévère. Pour couronner le tout, les tomates et les œufs : impossible de les voir en peinture désormais. Dégoût assuré. Sans parler du « cadeau bonus » : on reprend ses 5 kilos perdus et on en rajoute 10 5.

Comme à la cantine

> À 18 ans, ma préférée de toutes les méthodes était « maigrir en dormant ». Le rêve... débile d'y croire mais c'est comme ça, j'y ai cru.

7 BANANES, 7 YAOURTS, 7 TOMATES

1er jour : les bananes = super. 2e jour : les yaourts = plus difficile mais j'ai tenu. 3e jour : 7 tomates = mon corps vacille, je ne suis plus la même, j'ai plus que faim vers midi et j'ai déjà mangé mon quota de tomates, **LA SEULE SOLUTION, C'EST ALLER SE COUCHER.**

Facile pour les courses !!!

~ 7 ~
Maigrir, ou l'éloge de la lenteur

NE SOYEZ PAS PRESSÉES : une perte de poids de 400 g par semaine, cela fait 20 kilos en moins sur un an : c'est pas super ça ? Vous n'avez pas grossi en un jour et vous ne maigrirez pas en un jour. Laissez-vous le temps de changer, et appréciez en douceur vos transformations physiques vers le bien-être. Mes astuces et recettes sont là pour vous accompagner, vous donner des petits trucs faciles et rapides pour perdre quelques calories. N'oubliez pas qu'il vous faudra de la patience, car il n'y a pas de secret, pour garder la ligne : il faut faire attention toute sa vie. Si vous n'êtes pas dans l'urgence de commencer un régime pour vos kilos en trop, ce livre vous permettra, dans un premier temps, d'arrêter de grossir. Ce qui est déjà un bon début.

MASTICATION : ON PREND LE TEMPS DE BIEN MÂCHER

Lorsque l'on s'observe en train de manger, on remarque que la mastication n'est pas notre fort. À peine avons-nous mis la première fourchetée en bouche que la deuxième arrive, et la troisième est déjà en cours. Doucement… personne ne va voler votre assiette ! Prenez le temps de mastiquer. Il est vrai que mâcher 33 fois, par exemple, c'est un peu liquide au final mais entre ce que l'on fait actuellement et 33 fois, il y a quand même de la marge. **ALLONS-Y POUR 20 MASTICATIONS AVANT D'AVALER.**

Motivées, motivées...

Découpez et collez cette ardoise sur la porte de votre frigo pour vous éviter de craquer...

moins **3** kilos = 12 plaques de beurre

MAIGRIR N'EST PAS UNE COURSE DE VITESSE.

ENVISAGEZ VOTRE PROJET SUR LE LONG TERME, C'EST UNE SACRÉE COURSE DE FOND.

Là où il n'y a pas de *plaisir*, il n'y a pas de *régime*

LE PLAISIR EST ESSENTIEL POUR MAIGRIR. Si vous mangez en vous souhaitant du courage et à contrecœur, avec un seul objectif (perdre du poids), vous ne tiendrez pas sur la longueur.

FAVORISEZ LE :
OU
PLUTÔT QUE LE
ET

NE PAS DIABOLISER CERTAINS ALIMENTS

Je me suis enlevée de la tête que les aliments que j'adore me font grossir. Arrêtez de les diaboliser, ils ne sont pas dangereux, votre vie n'est pas menacée.

PAR CONTRE, RÉDUISEZ LES QUANTITÉS ABSORBÉES : MANGEZ POUR 1 PERSONNE.

Pourquoi n'a-t-on pas une petite clochette dans la tête qui teinterait quand on a atteint notre quota de calories !?

Ne mangez pas pour maigrir mais pour vous faire plaisir.

VIVE LE MARCHÉ !

Les jours de courses, pour faire le plein de légumes et de fruits sur le marché, je prends sur moi pour choisir les petits fruits alors que mon instinct me pousse à prendre les grosses pommes, les grosses pêches, les plus grosses pastèques… c'est comme un « aimant », ça m'attire.
ENCORE UNE FOIS, JE LUTTE.

ENCEINTE = MANGER ++

JE ME RAPPELLE LES PREMIERS MOIS DE MA GROSSESSE. Heureuse d'être enceinte, j'avais envie de le crier au monde entier. Physiquement, mon bidon n'était pas ce qu'on peut appeler « rond ». Impossible pour mon entourage de se rendre compte que j'étais enceinte, je me suis donc mise à manger plus que la normale pour grossir encore plus, en me disant que c'était mon bébé qui avait faim. Tu parles… comment pouvait-il avoir si faim alors qu'il n'était pas plus gros qu'une noix ?

> Je n'ai pas de chance ! Dans mon entourage, il y a des collectionneurs de sable, de bouteilles de soda, de billes, de sacs… et bien moi longtemps j'ai collectionné les KILOS.

~ 9 ~
Comment faire
pour manger moins ?

CONSEILS POUR MANGER COMME UN OISEAU

(préférer le genre « moineau » plutôt que « gros rapace »).

○ <mark>Écoutez vos sensations :</mark> si après manger, vous dégrafez votre jupe ou votre pantalon, c'est que vous y êtes allée un peu trop fort sur les quantités.

○ Si vous aimez les assiettes bien remplies, alors pour calmer votre super appétit, <mark>buvez un verre d'eau gazeuse</mark> avant le repas, ça cale un peu.

○ N'attendez pas d'être affamée pour passer à table.

○ <mark>Faites 3 vrais repas.</mark>

○ La soupe de légumes avant un repas peut vous aider à moins manger. J'en ai bu des litres. Non, des tonnes de litres.

○ Préparez-vous des légumes et <mark>mangez-les en premier</mark>. Ainsi, il y aura moins de place pour le reste.

○ Ne vous nourrissez pas uniquement de légumes pour maigrir plus vite.

○ Si vous aimez les pâtisseries, les glaces ou tout autre dessert, prenez-les en fin de repas : vous en mangerez moins que pris seuls entre les repas.

○ Pour le goûter, <mark>prenez une boisson chaude</mark>. Du coup, moins de place dans l'estomac pour la brioche !

Réduire les quantités

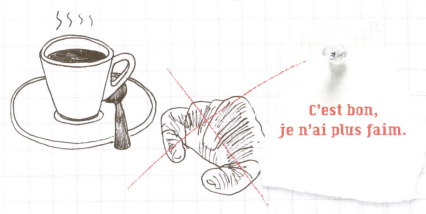

C'est bon, je n'ai plus faim.

○ Le matin, faites de même : commencez par la boisson chaude, le fruit puis le yaourt et gardez le pain et le beurre pour la fin (ainsi on mange moins de pain)

○ Mangez lentement, pendant 20 minutes minimum, ainsi votre cerveau déclenchera la sensation de satiété (« C'est bon, je n'ai plus faim »).

○ N'avalez pas avant d'avoir bien mâché vos aliments.

○ Mangez les plats quand ils sont chauds, sinon à température ambiante on mange trop vite.

○ Des assiettes plus petites feront l'affaire : on les chargera moins. Imaginez le visuel des assiettes au restaurant comme référence.

○ Choisissez des aliments riches en fibres.

○ Mangez des féculents pour ne pas avoir faim entre les repas.

○ Plus il y a d'odeurs et de couleurs, plus il y a de plaisir donc moins on mange !

AVEZ-VOUS UNE IDÉE DE LA CONTENANCE DE VOTRE ESTOMAC ?

IL PARAÎT QUE POUR SE SENTIR RASSASIÉE, IL FAUT AVOIR L'ESTOMAC PLEIN. Il est très intéressant d'évaluer approximativement la capacité, le volume en poids de votre estomac. Pour cela un petit truc que j'ai testé...

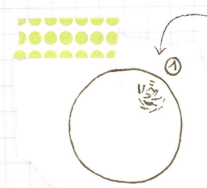

Après une portion de carottes râpées, suis-je calée ? (moi, NON)

Je rajoute ensuite du poulet, suis-je calée ? (toujours pas...)

Puis une bonne portion de riz, suis-je calée ? (non, non)

Quelques cuillerées de courgettes, suis-je calée ? Oui ! Enfin !

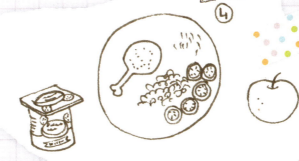

Et vous, faut-il encore 1 orange, 1 yaourt...??

Avant mon amaigrissement, **J'ÉTAIS CAPABLE DE MANGER DES QUANTITÉS D'ALIMENTS HALLUCINANTES, SOIT ENVIRON 1,2 KILOS PAR REPAS**, sans compter le grignotage. Aujourd'hui, je me contente d'environ moitié moins. Cependant, attention à bien équilibrer votre menu car manger peu, mais seulement du pain, du beurre et du fromage ne vous aidera sûrement pas à engager la fonte des graisses.

~ 10 ~
Tout est *une question* d'équilibre

IL EST VRAI QU'AVEC TOUT CE QUE L'ON ENTEND SUR LES RÉGIMES, ON NE SAIT PLUS SUR QUEL PIED MANGER. Pas de ceci, plus de cela. Certains en arrivent même, avec l'automédication, à prendre des vitamines sous forme de pilules, alors que rien ne vaut la consommation de vitamines au travers d'une alimentation normale et sans excès. On peut tout à fait maigrir sans être frustré si on s'enlève de la tête que les aliments qu'on adore nous font grossir.

Pendant longtemps, j'ai cru que je n'aimais pas certains aliments. En fait, lors de mon amaigrissement, comme il était important de varier, j'ai dû tester des légumes différents, des poissons, des viandes, des fruits et je me suis aperçu que j'aimais beaucoup de choses, mais que j'avais des a priori en fonction des modes de cuisson, des présentations, des couleurs... Il est vrai que des épinards à l'eau, ce n'est pas fameux, alors qu'avec un peu de crème ça change tout. Le mauvais souvenir de la ratatouille au collège fut difficile à balayer. Depuis que j'ai réussi à en faire une, j'adore la ratatouille. Testez donc des façons différentes de préparer les aliments (papillotes, gratins, salades, farcis...).

> **LA CLÉ : MANGER ÉQUILIBRÉ ET MANGER MOINS... ET N'OUBLIEZ PAS QU'IL N'Y A PAS D'ALIMENT MAGIQUE.**

Produits à avoir à la maison pour une alimentation variée et équilibrée

- Légumes de toutes sortes, crus et cuits.
- Fruits frais et fruits secs variés.
- Herbes aromatiques.
- Oignons, ail, échalotes.
- Poissons (des poissons gras riches en oméga-3 et des poissons maigres, blancs, pauvres en lipides).
- Viandes.
- Œufs.
- Légumes secs.
- Soja.
- Herbes et épices.
- Céréales (complètes, elles donnent la sensation de satiété).
- Pain.
- Féculents.
- Huiles végétales variées (attention à l'huile de palme et à l'huile de coco qui contiennent des graisses saturées).
- Beurre ou margarine (attention aux allégés, ce sont des produits où on a ajouté de l'air ou de l'eau). Le problème avec l'allégé, c'est que j'en mange plus.
- Laitages, fromages avec du goût.

En bonus :

- Vin ou autre alcool avec modération, pour le plaisir et pour la cuisine.
- Sucreries, chocolat… (raisonnablement).
- Charcuterie occasionnellement, surtout si elle est trop grasse.

Et surtout, préférez la qualité à la quantité.

~ 11 ~
Mon sport à moi : le patinage artistique *à la télé*

J'ADMIRE LES PERSONNES QUI VOUS DISENT : « QUAND J'ARRÊTE LE SPORT, ÇA ME MANQUE ». C'est quoi les symptômes du « manque » ? Car en fait, moi, je n'aime pas faire du sport. Je n'ai jamais baigné dans une ambiance sportive. Ma seule relation avec l'activité physique, ce sont les émissions sur le patinage artistique. Mon plaisir est de regarder ces « pros » du patin virevolter sur la glace et de les admirer, sagement installée dans mon canapé. Aux pieds, devant la télé, je porte des claquettes drainantes achetées en pharmacie, vous voyez celles dont je parle ? Elles sont inclinées et vos orteils sont plus haut que vos talons.

QUAND J'AI VOULU MAIGRIR, JE ME SUIS QUAND MÊME MOTIVÉE POUR BOUGER PLUS. J'ai donc voulu m'inscrire dans une salle de sport. Le seul jour où j'y suis allée, c'était pour payer ma cotisation. Les superbes filles en tenues fluo m'ont plutôt effrayées. Pourquoi ? Sûrement parce que, à cette époque, je n'avais pas encore maigri et je me sentais plutôt mal dans ma peau. J'ai définitivement fait une croix sur la future sportive en salle que j'aurais pu être.

APRÈS, J'AI ESSAYÉ LES COURS DE CLAQUETTES. Pas de chance pour moi, la prof était une future recrue de l'armée. Je n'ai pas pris de plaisir pendant ses cours : je n'aime pas le sport et si, en plus, il faut y aller à reculons car un gendarme organise la chorégraphie : au secours ! Je n'ai rien contre les gendarmes, mais pas pour la danse.

Un moment j'ai bien cru que le sort était contre moi. Une année, en vacances, pour faire plaisir à mon fils Anthony, je chausse mes baskets pour une partie de tennis. Arrivée sur le terrain, je trottine près du filet. Un coup de vent imprévu le soulève, je me prends le pied dedans… **GROSSE CHUTE !** Je me suis retrouvée pendant 3 semaines en arrêt de travail, le coude mort.

Mon corps n'est pas en fusion avec le sport.

J'ai donc pratiqué le vélo d'appartement. Très organisée, la zappette dans la poche et chaque matin devant les Feux de l'amour. L'épisode dure 30 minutes, donc c'était parfait. Mais après quelques coups de pédales, le vélo s'est transformé curieusement en portemanteau.

IL Y A 1 AN, J'AI TESTÉ LA DANSE COUNTRY. C'EST TOP LES FILLES ! 1 heure de chorégraphie et d'activation des méninges pour bien enchaîner les pas. J'ai adoré, mais l'année d'après, les horaires ont changé : impossible d'y retourner. Dommage, c'est une super ambiance avec les amis du Far West.

~ 12 ~
Une solution...
la natation ou l'aquacycle

TOUJOURS MOTIVÉE POUR ME BOUGER, je me suis dit que la natation pouvait faire l'affaire. J'avais entendu dire que ce sport était complet, qu'il drainait le corps et qu'il avait un effet de massage fabuleux pour la cellulite*. Mon corps en a tellement que je ferais fortune si je pouvais la vendre (je suis même prête à payer des impôts dessus). Emballée par la natation, me voilà donc en maillot de bain avec ma serviette à la main pour ce sport si complet. Mais j'aurais aimé qu'il y ait un tunnel entre ma cabine et le bassin pour éviter les regards des gens. Bref, j'ai respiré un bon coup, en me persuadant que personne ne se focaliserait sur moi.

Une fois dans l'eau, j'avoue : un vrai bonheur. Une sensation de détente, de légèreté. Des allers-retours pendant 30 minutes. Dès que je sentais un peu de fatigue, je m'accrochais au rebord pour remuer mes jambonneaux. **MOTIVÉE À MORT, J'AI TENU LE RYTHME 3 FOIS PAR SEMAINE PENDANT 2 MOIS. POURQUOI PAS PLUS ?**

Petite astuce : y aller dès l'ouverture pour éviter la foule.

***cellulite :** aspect peau d'orange en relief fine chez les autres et un vrai terrain labouré chez moi, au niveau des cuisses, des fesses, des bras, du ventre et des mollets. Et oui, la cellulite se loge même là...

Eh bien, figurez-vous qu'une douleur au niveau des cervicales m'a coupé l'envie. Après discussion avec le beau maître-nageur, il s'est avéré que la douleur était due au fait que, ne sachant pas faire de brasse coulée, je levais trop la tête hors de l'eau. Mon but était de ne pas mouiller mes cheveux. Le destin était encore contre moi, fallait que j'arrête le sport.

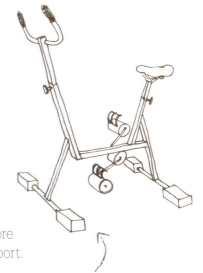

Persévérante, j'ai débuté cette année l'aquacycle. Pour les non-bilingues, c'est un vélo posé au fond de la piscine. Efficace et à la portée de tous, ce sport se pratique en piscine publique (ou privée). La seule condition, avoir un super coach sinon cela peut être lassant.

ET PUIS LA MARCHE TONIQUE, C'EST PAS MAL DU TOUT.
Ma voisine Mamou m'a offert un collant « concentré minceur » avec des microcapsules cosmétiques. Je teste et je vous en reparle. Il paraît que cela réduit les cuisses et les hanches (peut-être pas mes 35 kilos en trop d'avant).

~ 13 ~
Les bienfaits du sport
(si, si !)

DE NOS JOURS, DE NOMBREUSES ACTIVITÉS SONT PROPOSÉES AUX PERSONNES EN SURPOIDS, QUE CE SOIT POUR 5 KILOS EN TROP, OU PLUS. Dans cet éventail, choisissez le sport le plus ludique à vos yeux. Par contre, doucement, le but n'est pas de se dégoûter du sport. Rappelez-vous que ça vous donnera plus de facilité pour maintenir votre nouveau poids. Il est vrai que le sport n'a jamais fait maigrir mais il peut nous permettre de moins grossir.

« LES BIENFAITS DU SPORT »

- Préserver nos petits muscles, car naturellement, en vieillissant, nous perdons de la masse musculaire, nous devenons de vraies poupées de chiffons.
- Prendre conscience de son corps : on ressent les sensations de l'effort (... avec les courbatures !!)
- + de masse musculaire = augmentation de la dépense énergétique au repos
- Augmenter le bon cholestérol, lutter contre les problèmes cardio-vasculaires...
- ... et plein d'autres bienfaits !

> Surtout gardez le rythme ! Ne laissez jamais votre corps sans activité plus de 3 jours de suite, sinon vous annulez les résultats obtenus précédemment. C'est ce que m'a dit un médecin.

Autant prévoir son régime sur la durée car pour perdre 1 kilo, il faut :

- **242 heures** de marche normale
- ou **21 heures** de natation (en mode détente)
- ou **38 heures** de vélo.

Il est super ce docteur, il m'a fait prendre conscience de la bêtise des idées reçues, comme de se dire : « Si je nage une heure, je pourrai manger un gros mille-feuilles. » C'est faux, contentez-vous d'une pomme et encore, écoutez votre médecin. Ça ne rigole pas les filles, donc, minimum 2 fois par semaine, pendant 45 minutes....

RECETTE POUR LES FUTURES SPORTIVES

lait demi-écrémé + fructose + 40 g de semoule fine + demi-abricots frais ou en boîte

Faites chauffer le lait sucré et versez-y dès ébullition la semoule fine. Laissez épaissir la préparation et quand elle a refroidi, mettez-en une cuillerée à soupe dans chaque demi-abricot. Possibilité de parfumer avec de la cannelle ou de la vanille...

DES PÂTES D'ALSACE

1 paquet de Spätzles d'Alsace + sel + parmesan + poivre

Faites cuire les Spätzles (nom pittoresque traduit par « zizi d'ange ») dans de l'eau salée. Quand les pâtes sont cuites, égouttez-les et ajoutez le parmesan frais. Faites poêler le tout. Poivrez et dégustez. Un vrai régal, vive l'Alsace !

~ 14 ~
Pratiquez le sport,
ni vu ni connu

POUR ÉVITER LE CLAQUAGE DU SPORTIF : MOI, JE VOUS SUGGÈRE LE SPORT INCOGNITO. C'est déjà un bon début quand on ne bouge pas du tout. C'est le choix que j'ai fait aujourd'hui, en plus de l'aquacycle.

- Accélérez votre marche au quotidien.
- Prenez les escaliers dès que vous pouvez, dans le métro ou dans votre immeuble.
- Dans le bus ou dans le métro, descendez une station avant ou prenez le bus une station après, pour marcher plus.
- Promenez le chien ! En plus de l'amour qu'il vous apportera, il vous obligera à sortir pour les pipis journaliers.
- Faites des ballades en famille le dimanche (forêt, parc, bois...).
- Cueillez le muguet en forêt au mois de mai.
- Ramassez les champignons. J'adore cette activité ludique. On marche des heures sans fatigue.
- Jardinez (c'est du plaisir et une bonne activité).
- Faites les boutiques.
- Devenez guide touristique pour votre famille et vos amis.
- Pratiquez des petits exercices comme « talons-pointes » en vous brossant les dents.
- Prenez quelques cours particuliers chez un kiné.

Une pensée pour mon Vadou.

petite astuce

La barre du métro / du bus

Entre chaque arrêt de bus ou de métro, pressez fortement la barre centrale, bloquez tous vos muscles (« gainez »). Relâchez la pression à chaque arrêt. Ça muscle !
De manière générale, rentrez le ventre et les fesses en marchant, et tenez-vous bien droite : vous aurez des abdos en béton.

○ Achetez un DVD de fitness, adapté à votre niveau. Ne faites pas comme moi, j'ai testé la méthode Cindy Crawford. Les filles, laissez tomber, elle est trop forte. J'avais levé la jambe une fois qu'elle était déjà à son dixième lancé. C'est effrayant. Cela m'a dégoûtée. En plus, elle a un super corps... Il faudrait que je vive au moins 200 ans, comme le bénitier géant (un mollusque de l'océan Indien), pour espérer obtenir 40 % des muscles qu'elle a.

SAISON DES FRAISES

SI VOUS AVEZ DU COURAGE pour avoir la forme sans les formes faites une cueillette de fraises, en plus vous pourrez les utiliser en cuisine !!
Trempez les fraises légèrement dans du chocolat noir fondu et laissez refroidir. Dégustez cette friandise et variez les fruits.

~ 15 ~
Démotivation, quand tu nous tiens...

C'EST DIFFICILE ? C'EST TROP DUR ? Eh bien dites-vous que vous n'êtes pas la seule à le ressentir en période d'amaigrissement ! La motivation n'est pour moi qu'un moteur qui permet de mettre en place les efforts pour changer, maigrir, prendre soin de soi. Si vous avez perdu la motivation après une sortie entre amis arrosée de vin blanc, c'est que vous avez perdu aussi votre objectif. Pour ma part, on ne maigrit pas sans objectif. Le vin provoquerait-il une amnésie passagère : « Je suis au régime ou pas » ?

POURQUOI VOULEZ-VOUS MAIGRIR ? Tout votre objectif est là (santé, vêtements, changement style, taille, bien-être, vitalité ?). Combien de kilos vous devez perdre ? 5, 8, 10 ou ++ ?

> **PRENEZ LE TAUREAU PAR LES CORNES, ALLEZ DE L'AVANT ET NE BAISSEZ PAS LES BRAS.**

Mon objectif, c'était de rentrer dans un jeans pattes d'éph' avec des fleurs brodées. J'avais 16 ans et déjà beaucoup de kilos à perdre. J'ai testé, mais trop tard car la mode était passée.

Dès que je ressentais de la démotivation, je faisais le bilan du chemin que j'avais parcouru et je me disais qu'il serait dommage de baisser les bras. **J'ÉTAIS RÉGULIÈREMENT PRISE D'ENVIES INCONTRÔLABLES.** En tous les cas, c'est ce que je croyais… On peut lutter contre une envie, « c'est comme une vague, ça arrive et ça repart ». J'avoue, des fois elle est longuette la vague. Il faut savoir faire autre chose ou attendre. Si vous laissez tomber, QUI reprendra le flambeau ? Malheureusement pas votre voisine, ni vos amies, ni votre mère, encore moins votre sœur et votre gardienne, car elles aussi luttent pour garder la ligne.

Qui reprendra le flambeau si vous baissez les bras ?

~ 16 ~

Je ne mange pas *beaucoup* mais je grossis. *Ah bon ?*

1 RAISON N° 1. On peut croire qu'on ne mange pas beaucoup mais en fait, on mange très calorique, c'est là le vrai problème. Une salade accompagnée d'une sauce trop grasse, du fromage et quelques noix sont plus caloriques que du riz, un poisson et des légumes, avec un fruit en dessert.

*Il est souvent question de choix.
Moi, au restaurant, je n'hésite pas
entre une crème brûlée de 280 kcal
et un sorbet cassis. Qui aurait cru
qu'un jour j'aimerais le sorbet cassis ???
Comme quoi on change dans la vie.
Hmmmm elle est bonne cette boule
de cassis !*

LES KILOS C'EST DU BOULOT !

Ne pas avoir la main lourde sur les matières grasses

RAISON N° 2. Parfois, on se prive trop et on n'assure pas à son corps suffisamment de calories, alors il se fatigue et résiste. D'un coup, on lui en donne trop et on mange mal. Surtout quand le soir arrive… on gère le matin, le midi mais au coucher du soleil, on est comme les enfants, on a l'angoisse de la nuit…

Finie l'époque où je mettais une tonne de mayo pour masquer le goût du poisson

RAISON N° 3. Rappelez-vous : nous n'en sommes pas à notre premier régime… Ce n'est pas une guerre que nous devons mener mais une envie de prendre soin de soi en perdant quelques kilos.

~ 17 ~
Mais pourquoi *je ne maigris pas plus vite ?!*

Mon adolescence a été marquée par une série télévisée française d'animation **« IL ÉTAIT UNE FOIS LE CORPS HUMAIN »**. Le but du dessin animé était de nous faire comprendre le fonctionnement du corps humain grâce à des petits personnages représentant les enzymes, les hormones, les bactéries, les globules rouges, etc. Maestro, le personnage barbu, était le chef d'orchestre de tout ce petit monde. Imaginons qu'à présent je suis dans mon canapé avec une folle envie de grignoter. Je me lève, je vais prendre une bonne glace dans le congélateur et je reviens m'asseoir. Que pourrait vous dire Maestro ?

« QUE FAIT-ELLE ? ELLE MANGE UNE GLACE… C'EST DU CARBURANT ! Super, elle va peut-être faire du sport, une dure après-midi l'attend ! Mais non… elle reste assise et regarde les Feux de l'amour dans son canapé. Vite les ouvriers, stockez toutes les graisses de la glace ! Avis à tous ! Stockage des graisses, on garde l'énergie pour plus tard ! »

Posez-vous la question : est-ce bien raisonnable ?

« RÉGIME EN PANNE »

→ Si je donne trop de carburant à mon corps, il stocke ! Pourquoi irait-il puiser dans mes bourrelets ?

→ Je mange plus que la quantité dont mon corps a besoin.

→ Acceptez votre vitesse de croisière, certaines personnes maigrissent lentement. Doucement, mais sûrement.

→ Et si nous ne sommes pas à notre premier régime… c'est dur de maigrir vite. À force d'avoir fait des régimes successifs, pas toujours raisonnables et plutôt restrictifs, notre corps s'est mis en résistance. Il ne nous donne plus les pertes de poids des débuts. Plus docile lors de nos premiers régimes, il devient une vraie bourrique par la suite.

On évite la glace qui remonte le moral, ou alors sans chantilly et dans un pot.

~ 18 ~
J'ai maigri, mais *je ne maigris plus !* À l'aide !

ON GROSSIT PAR PALIERS... ET ON MAIGRIT AUSSI PAR PALIERS. Si vous faites un Paris-Marseille, obligation de faire une pause-pipi ou une pause-café, donc le corps aussi fait ses pauses.

Votre objectif est peut-être trop ambitieux, vous visez un poids trop bas. Pour ma part, je pourrais encore maigrir mais il faut tenir !

J'ai découvert autre chose. Plus on est mince, plus on doit être vigilante. Donc, c'est peut-être que vous avez atteint un poids d'équilibre et qu'il serait intéressant d'arrêter. Si ce n'est pas le cas, c'est peut-être le bon moment pour attaquer le sport, en donnant un coup de fouet à votre régime.

APRÈS, POSEZ-VOUS LES BONNES QUESTIONS : VOTRE OBJECTIF DE PERTE DE POIDS ÉTAIT-IL RÉALISTE ? Je grignote encore trop, je ne bouge pas assez au quotidien, je dors peu, je prends des médicaments ou je suis un traitement hormonal, j'ai arrêté de fumer, je suis stressée…

On y va, on y croit !

Découpez et collez cette ardoise au-dessus de votre lit pour vous éviter de craquer...

moins **5** kilos
= 1 taille de vêtements en moins

RESTEZ MOTIVÉE...
SANS JAMAIS
VOUS ISOLER.

NO STRESS...

~ 19 ~
Pourquoi, après un régime, *je regrossis* systématiquement ?

SI MON COMPORTEMENT ET MA FAÇON DE MANGER reviennent comme ils étaient avant de commencer mon régime, il n'y a pas photo : je regrossirai. Un régime, ce n'est pas un miracle. Excusez-moi pour la mauvaise nouvelle mais une fois le choc passé, le bon sens nous fait prendre conscience que toute notre vie, il faudra respecter des règles d'hygiène alimentaire.

ON ÉVITE DE COMPENSER PAR L'ALIMENTATION

Et puis la vie est parfois semée d'embûches, nous cherchons du réconfort, alors la solution adoptée est la nourriture. **LUTTONS ET GARDONS NOS PRIORITÉS.** 2 fois sur 5 si nous réussissons à ne pas compenser par l'alimentation en cas de coups durs, c'est déjà un bon début. On s'améliorera avec le temps.

« C'EST GÉNÉTIQUE »

Observons les vraies minces (pas celles qui dévorent), elles ont tout dans leurs gènes. Faudrait peut-être qu'on les prenne en otage pour leur soutirer des informations cruciales pour notre avenir. Combien de soirées elles passent avec une simple pomme en guise de repas ? **NOUS, ON CHOISIT TROP SOUVENT LA FACILITÉ.** C'est si simple de prendre plusieurs galettes pur beurre plutôt que d'organiser une collation plus légère et sympa.

AVEZ-VOUS DÉJÀ VU UNE MINCE À QUI ON PROPOSE UNE BOÎTE DE CHOCOLAT ? Tout d'abord, elle l'ouvre délicatement en scrutant l'emballage, elle met un temps fou pour choisir son chocolat. Elle referme la boîte et croque soigneusement la friandise.

NOUS, on ouvre la boîte à la vitesse TGV, on se met directement dans l'ambiance avec un chocolat dans la joue droite puis avec agilité on place le deuxième dans la joue gauche, on en glisse un troisième sur la langue. Ensuite un chocolat dans chaque main et le paquet sur les genoux. Une fois repue, un dernier pour la route (hein ?! la boîte est déjà vide !). « Hé… T'en voulais mon amour ? Désolée, la boîte était presque vide. »

grrrrrrrr !!!!!

~ 20 ~
On se motive !

DEVEZ-VOUS RÉAGIR ET MAÎTRISER VOTRE ALIMENTATION ?

Si vous anéantissez un paquet de bonbons avant de vous coucher en regardant votre série préférée, si le saucisson sec entier avec la peau ne vous effraie pas, si la rillette est la base de toutes vos tartines, si le lot de trois tablettes de chocolat est liquidé le temps d'une pause-goûter, si le coulommiers grand format n'a pas le temps de couler dans le réfrigérateur tellement il est vite consommé, alors là il y a urgence. Même si vous ne grossissez pas, un petit tour au labo du coin pour faire un bilan sanguin ne sera pas de trop.

> **MAIGRIR EST UN PARCOURS DU COMBATTANT**
>
> S'ACCROCHER EN VAUT LA PEINE, APRÈS TOUT, LE RÉSULTAT EST UN SUPER CADEAU DONT VOUS SEREZ LA PREMIÈRE BÉNÉFICIAIRE.

AVEZ-VOUS REMARQUÉ ?

NOUS COMMENÇONS TOUJOURS
LE RÉGIME LE LUNDI MATIN,
ET À 17 H,
NOUS ABANDONNONS ?!

CHAQUE JOUR EST UNE ÉTAPE.
PERSÉVÉRANCE ET PATIENCE
SERONT RÉCOMPENSÉES.

TENEZ BON !

UNE PHRASE M'A BEAUCOUP MOTIVÉE :
« QUAND ON VEUT ON PEUT,
MAIS N'ATTENDEZ RIEN DES AUTRES,
PENSEZ À VOUS ET FONCEZ. NE COMPTEZ
QUE SUR VOUS. »
BIEN SÛR QUE L'ENTOURAGE
EST IMPORTANT MAIS LE PLUS GROS DU
TRAVAIL, C'EST VOUS QUI LE FAITES.

~ 21 ~

Un jour, *mon mince* viendra

POUR ENTRETENIR MA MOTIVATION…

J'AI FAIT UN PHOTOMONTAGE AVEC LA TENUE DE MES RÊVES ET MA TÊTE. Collé sur le frigo : effet garanti. Cela m'a permis de visualiser mon futur moi en mince. Avec les ordinateurs, il y a sûrement un logiciel qui vous rendra mince. C'est déjà ça.

L'habitude que j'ai, c'est de surveiller mon poids. J'ai une limite que je ne veux pas dépasser sur la balance. Je me mesure aussi les mollets car chez moi, ce sont eux qui morflent.

JE FAIS LES BOUTIQUES DE MODE. Par contre, je n'ai pas réussi à m'habiller encore partout – je ne suis pas assez mince je ne rentre pas dans le moule… Tant pis, on fait avec.

Je n'ai jamais pu acheter un vêtement 1 taille en dessous de la mienne, mais ça peut être efficace.

De temps en temps, passage chez le coiffeur et l'esthéticienne. Ça rebooste, on se sent belle et en forme. Vous avez des écoles de coiffure qui cherchent des modèles, comme ça le tarif est raisonnable, voire gratuit.

Merci l'ordinateur de me rendre mince !

Tant que vous aurez l'espoir, vous aurez le courage nécessaire pour réussir.

ET N'ÉCOUTEZ PAS TOUJOURS VOTRE ENTOURAGE : ils vont vous dire que les kilos vous vont bien, que vous n'avez pas la morphologie pour être mince, que vous avez de gros os, que ça ne vous ira pas… « On t'aime avec tes rondeurs ». Et comme par hasard, le jour où vous avez maigri, ils vous disent « Ah ! mais tu es mieux comme ça ».

Quand j'ai rencontré mon futur mari, il m'offrait toujours des gâteaux à chaque rendez-vous. J'étais ravie et heureuse qu'il m'aime comme j'étais, avec mes kilos. Jusqu'au jour où j'ai perdu du poids alors là il m'a dit que j'étais mieux ainsi. J'ai appris quelques temps après qu'il me gavait de gâteaux pour que personne d'autre ne me regarde. Sympa l'amoureux, pas partageur pour un sou !!!

~ 22 ~

Comment maintenir *mon poids* après avoir *minci* ?

Vous avez peut-être mis du temps, mais après tout, le temps est un allié. **VOUS AVEZ CHANGÉ, VOUS AVEZ APPRIS, VOUS AVEZ RÉUSSI.**

Surveillez-vous, ne laissez pas le démon de la gourmandise revenir vous faire du mal.

Et surtout ayez confiance en vous.

QUELQUES RÈGLES POUR NE PAS REGROSSIR :

- Gardez les bonnes résolutions et les habitudes qui vous ont aidée à maigrir. Continuez d'avoir un régime adapté à votre mode de vie et non restrictif (pas trop de graisses saturées, des féculents pour ne pas avoir faim entre les repas, des légumes, des fruits pour leurs fibres et leurs vitamines…).
- Sentez-vous belle, car vous êtes belle. Faites de belles photos de vous en plus mince.
- Faites-vous plaisir, raisonnablement : choisissez la qualité de ce que vous mangez.
- Prenez votre temps.
- Bougez régulièrement : 2 à 3 fois par semaine.
- N'écoutez pas forcément votre entourage qui vous dit : « Tu es parfaite comme tu es, ne fais pas de régime, on t'aime comme ça ».

~ 23 ~
La chirurgie esthétique, un petit coup de pouce final

10 ANS APRÈS AVOIR MAIGRI, J'AI SUBI UNE CHIRURGIE ESTHÉTIQUE DE LA POITRINE. Pourquoi me direz-vous ? Eh bien, mes deux gants de toilette (ou mes deux figues sèches) qui me servaient de seins : JE N'EN POUVAIS PLUS. Petite anecdote, quand mon chirurgien (un mec super) m'a fait le test du crayon qui tient sous le sein, je lui ai proposé d'y mettre la trousse tellement j'avais la poitrine abîmée à cause de tous mes régimes. Mon but n'était pas de devenir « une bimbo » (quoique, ça fait plaisir de temps en temps…) mais surtout de pouvoir mettre tout simplement une nuisette sans constater que ma poitrine se barrait près du nombril, alors qu'elle devrait être près du décolleté. C'était pour moi et le plaisir de mes yeux.

> **PAR CONTRE NE FAITES PAS N'IMPORTE QUOI ET N'ALLEZ PAS VOIR N'IMPORTE QUI, RENSEIGNEZ-VOUS BIEN AVANT.**

AUJOURD'HUI JE SUIS HEUREUSE DE L'AVOIR FAIT même si je me dis que c'est fou d'aller se faire opérer, avec les risques que cela comporte, et surtout quand on a la santé. C'était mon choix et je ne suis pas déçue. Fini les coups de klaxon des automobilistes pour que je traverse plus vite.

~ 24 ~

Le pouvoir de poser la fourchette

PETIT RAPPEL, IL N'EST PAS INTERDIT DE REFUSER, DE FAIRE DES CHOIX. Pendant des années, j'ai mangé, dévoré, j'ai dit OUI à tout le monde pour faire plaisir. Aujourd'hui je décide, car c'est moi qui stocke. J'ai le pouvoir d'arrêter la fourchette.

Je ne suis pas la poubelle des autres, j'en ai terminé de manger les restes des autres en débarrassant la table. Si je n'apprends pas à dire non, personne ne le dira pour moi. Il y aura toujours une bonne raison pour manger plus. « Alors non, je n'ai pas envie. » Je me sens trop bien pour replonger dans mes travers et tout gâcher.

NE VOUS FAITES PAS AVOIR AVEC UN NON QUI VEUT DIRE OUI. JE M'EXPLIQUE...

Vous êtes chez des amis, la galette des Rois arrive, vous en mangez une part, pas de chance, vous n'avez pas eu la fève et la maîtresse de maison vous propose une deuxième part car elle avait prévu large. La galette était pour 15 personnes et vous n'êtes que 6 à table. **ET LÀ VOTRE BOUCHE DIT NON MAIS VOTRE TÊTE HOCHE UN GRAND OUI.** Qui croire : la tête, les yeux, la bouche ou le ventre ? Votre petit bidon, un point c'est tout.

~ 25 ~

L'indicateur « grosseur » : l'IMC.
Vigilance, vigilance !

J'ADMIRE LES FILLES QUI RÉAGISSENT DÈS QU'ELLES ONT UNE PETITE REPRISE DE POIDS, elles se surveillent régulièrement et ne dépassent pas un IMC (indice de masse corporelle) de 25. Sachant qu'un poids de forme se situe entre 18,5 et 25.

Le but n'est pas d'être maigre mais bien, et le terme « bien » dépend de chacun.

Moi, je n'ai pas su réagir à + 5 kilos en trop car je devais avoir 8 ans. Et les seuls mots qui ont accompagné mon enfance étaient : « Elle est belle ta fille, elle se porte bien ». D'ailleurs, il valait mieux m'avoir en photo qu'à table. Mon délice collation à l'époque était une tranche de pain de campagne avec de la mayonnaise et des rondelles de saucisson sec. Vous comprenez mieux d'où viennent mes kilos… ah oui, pour ça j'étais une petite fille heureuse de vivre.

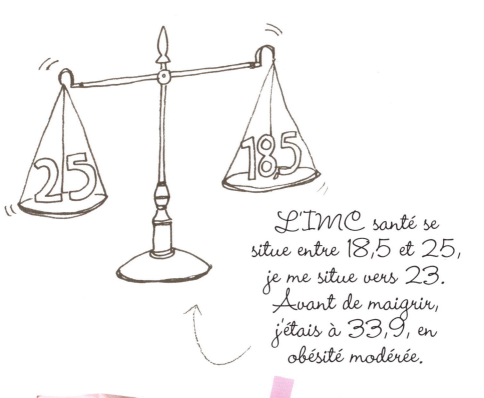

L'IMC santé se situe entre 18,5 et 25, je me situe vers 23. Avant de maigrir, j'étais à 33,9, en obésité modérée.

CALCUL DE L'IMC

o Si vous ne voulez pas sortir la calculette, allez sur le site www.imc.fr

o Sinon, sachez qu'il faut faire :
poids (en kg) / taille ^{2} (en cm)

o L'IMC, ça vous dit si vous êtes grosse ou pas.

L'ANGOISSE DU
« qu'est-ce qu'on mange ce soir » enfin résolue

Astuces pour une cuisine du quotidien familiale, légère et délicieuse

~ 26 ~

Comment concilier *mon régime* avec ma vie de famille ?

CERTAINES D'ENTRE NOUS PENSENT QUE L'ON MAIGRIRAIT MIEUX LOIN, SUR UNE ÎLE DÉSERTE, SANS RIEN DE BON POUR RÉGALER NOS PAPILLES... Et c'est ainsi que quand on est au régime on se prépare ses repas à part, rien que pour soi. Mais l'idéal serait de continuer à manger avec sa famille, la même chose que sa famille, en imposant quelques règles. C'est pour cela que toutes les recettes de ce livre pourront se consommer en famille.

Une table conviviale
Personne ne vous empêche de rajouter plus de fromage râpé, plus de sauce... pour avoir de tout sur la table. Cette convivialité est déjà la clé de votre réussite sur le long terme.

Ce n'est pas à engloutir toute seule.

UNE SOLUTION PRATIQUE : LES PLATS PRÉPARÉS

Si vous optez pour la solution des plats préparés, sachez que le nombre de portions est indiqué sur les sachets ou sur les boîtes. Ne faites pas comme moi, j'étais capable de manger 1 plat pour 2/3 personnes toute seule. ==Vérifiez les portions.== Si c'est pour 2, on le mange à 2.

LE SOUTIEN DE MON MARI PENDANT MON RÉGIME

NON, NON, NOUS NE SOMMES PAS NERVEUSES, AGRESSIVES, LUNATIQUES MESSIEURS, MAIS EN PLEIN RÉGIME !
Donc un petit effort pour nous aider. Je me rappelle de la période de mon amaigrissement où, allongé sur le canapé du salon pendant un film, mon mari J.-C. décide d'ouvrir un paquet de M&M's. Mon regard évite de croiser le sachet car j'étais super motivée et concentrée sur mon régime. Pendant que mon cher et tendre vidait généreusement le contenu du sachet, j'avais les sens complètement en éveil.

L'odeur de cette cacahuète me rendait folle, j'aurais tué pour en manger.

Décidée et persévérante, résister était pourtant la seule solution.

JE SENTAIS EN MOI LA RAGE MONTER ET UNE COLÈRE INEXPLIQUÉE BOUILLONNAIT DANS MON CORPS. Je soufflais, je toussais, je changeais de place sur le canapé, je lançais des regards exaspérés à mon mari, les minutes étaient interminables. L'épreuve était insupportable.

De temps en temps, il se retournait pour me demander « Ça va chérie ? ». Eh bien non la chérie va mal, très mal, elle n'en peut plus de subir cette tentation, c'est une torture... Il fallait en finir, je n'en pouvais plus. J'avais envie de hurler, au bord de la crise de nerfs mais après tout, c'était moi qui étais au régime et non mon mari. Donc, calmement et avec tact, je lui ai demandé de ne plus manger ces super friandises devant moi. Quel soulagement, quand sa réponse fut : « Pas de problème ma chérie ». **LE CAUCHEMAR ÉTAIT ENFIN TERMINÉ... JUSQU'AU PROCHAIN NUMÉRO.**

Ça va chérie ?

Pas de problème ma chérie !

~ 27 ~

J'adore la bonne bouffe (mais je n'ai pas envie de passer ma vie derrière les fourneaux)

PENDANT DES ANNÉES, JE ME SUIS POSÉE UNE QUESTION : comment préparer tous les jours des menus sans trop de calories, qui aient du goût, et sans que ce soit un casse-tête chinois ? Je n'aime pas cuisiner mais j'adore « la bonne bouffe ». Je n'ai pas envie de mitonner pendant des heures mais je veux de la couleur, du bonheur dans mon assiette et des papilles qui frétillent. Malheureusement le soir, comme tout le monde, quand je rentre du boulot, épuisée et stressée, je n'ai pas de courage et surtout, j'ai FAIM… « une faim de loup. » Comment faire, sachant que je me suis toujours dit que si j'adoptais la cuisine exclusivement vapeur, mon mari et mes enfants, Anthony et Emma, m'auraient déjà quittée ?…

PASSER MON TEMPS AUX FOURNEAUX ?!
NON, MERCI.

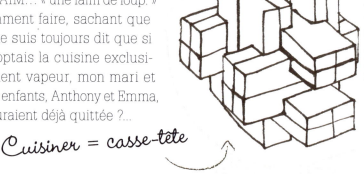

Cuisiner = casse-tête

SI VOUS VOUS RECONNAISSEZ DANS CE PETIT DESCRIPTIF, alors bienvenue et suivez le guide car j'ai maintenant plein d'idées pour cuisiner facile, sain et léger.

> Pour moi l'heure du dîner,
> c'est comme l'heure de la messe,
> je ne suis jamais en retard.
> D'ailleurs, nous mangeons à 19 h.
> Pour être sûre que tout le monde arrive à
> l'heure, j'appelle tout le monde à 18 h 50.

1 Mon fils peut finir sa partie de jeux vidéo.

2 Ma fille fait sécher son vernis.

3 Mon mari se déconnecte d'internet.

~ 28 ~

La question maudite : « qu'est-ce qu'on mange ? »

JE SUIS EN ADMIRATION DEVANT TOUTES CES MAÎTRESSES DE MAISON QUI FONT HONNEUR AUX GRANDS CUISINIERS DE CE MONDE. Moi, je suis prête à faire quelques efforts pour cuisiner, mais pas trop. La phrase que je déteste le plus c'est quand mon cher et tendre me demande : « Qu'est-ce qu'on mange ? ». Alors quand les enfants s'y mettent, à ce moment précis, j'aimerais m'enfuir, courir et me sauver de la maison…. Il est évident que je me ressaisis, bonne mère que je suis ! Mais c'est dur, très dur.

Pour ses 8 ans, j'ai offert à ma fille, Emma, un livre de cuisine pour enfants avec des illustrations et des recettes simples. Aujourd'hui, elle a 15 ans et c'est une super cuisinière et de temps en temps, elle me demande conseil. Malheureusement, c'est moi qui nettoie la cuisine derrière elle. Mais bon, on ne peut pas tout avoir : une cuisinière et une femme de ménage...

Allez, on se motive !
Découpez et collez cette ardoise au-dessus de votre bureau pour vous éviter de craquer...

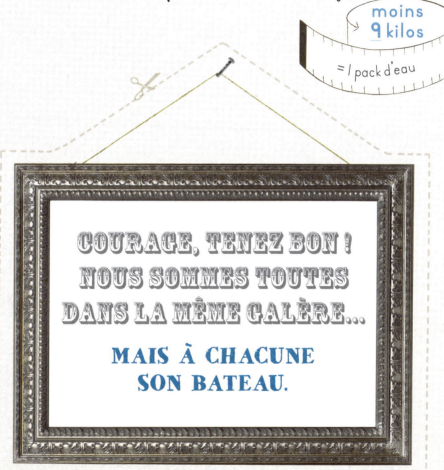

moins 9 kilos = 1 pack d'eau

COURAGE, TENEZ BON ! NOUS SOMMES TOUTES DANS LA MÊME GALÈRE...

MAIS À CHACUNE SON BATEAU.

L'horreur de la cuisson vapeur

DANS BEAUCOUP DE RÉGIMES, ON VOUS PARLE DE LÉGUMES NATURE ET CUITS À LA VAPEUR. C'est super… mais moi, je déteste. C'est trop fade, je les tolère seulement les lendemains de fête, après une overdose d'aliments gras, comme la bûche et le foie gras. Sachant que ce n'est malheureusement pas Noël tous les jours, il faut manger sympa et léger pour les 364 jours restants.

> Vous aimez les raviolis vapeur « chez le Chinois » ? Il n'y a que le mot « vapeur » qui est léger là-dedans. Ces raviolis sont cuits dans un bain d'eau… et d'huile !

> Ne vous faites pas piéger comme moi sur les plats cuisinés où il est inscrit « Cuisson vapeur », car certains légumes contenus dans ces plats sont assaisonnés, donc méfiance : c'est parfois bien gras.

PETIT TRUC POUR RENDRE LA CUISSON VAPEUR SYMPA

À la place du sel, mettez un bouillon cube (parfum au choix), du Viandox, du cœur de bouillon ou de l'arôme Maggi dans l'eau pour cuire les légumes, le riz ou les pâtes. Vous pouvez aussi mettre des herbes fraîches ou déshydratées, comme de l'estragon, du thym...

Haricots verts croquants

LÉGUMES VAPEUR CRAQUANTS ET CROQUANTS

Récemment au restaurant, j'ai découvert qu'il n'était pas indispensable de trop cuire certains aliments comme les légumes verts : ils peuvent rester croquants.

~ 30 ~
Ma fille est végétarienne, mais moi j'aime le pâté

DEPUIS QUELQUES ANNÉES, MA FILLE A DÉCIDÉ DE DEVENIR VÉGÉTARIENNE POUR L'AMOUR QU'ELLE PORTE AUX ANIMAUX. D'ailleurs, je ne serais pas surprise qu'elle devienne la future Brigitte Bardot. Bref, tout ça pour vous dire qu'en cherchant la variété et l'équilibre, j'ai acheté de la terrine forestière 100 % végétale. Très agréablement surprise du goût, on a l'impression de manger du pâté de foie sans foie.

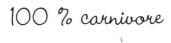

100 % carnivore

Produit à découvrir :

le soja, sous toutes ses formes. Graines, pâté, steak, lait et yaourt de soja (moins de calcium mais ça change), pousses…

On change ses habitudes avec une végétarienne à la maison, mais il faut toujours suivre des règles pour le respect de sa santé afin d'éviter des carences. Testez et adoptez les légumes secs, sources de protéines végétales, comme les lentilles, les pois cassés, les haricots secs. Préparez-les avec du riz, de la semoule, des pousses de légumes, du tofu, du blé…

VIANDE « CACHÉE »

Avec ma fille Emma, je viens de m'apercevoir que la présure contenue dans beaucoup de fromages est une substance extraite de l'estomac du veau non sevré. **WAOUH !** Bizarre, du coup je mange moins de fromage même si c'est tellement bon. Il est vrai que quand on connaît la fabrication de certains produits, on en mange moins. Au lieu d'utiliser de la gélatine animale, je préfère l'agar-agar, à base d'algues, c'est beaucoup plus sympa. Je chauffe du jus d'orange, du jus de pommes, etc. J'ajoute un peu de poudre d'agar-agar. Je laisse refroidir et j'obtiens une gelée de fruit. C'est très agréable l'été !

MÉFIEZ-VOUS AUSSI DE LA GÉLATINE CONTENUE DANS CERTAINS YAOURTS ALLÉGÉS, ELLE EST SOUVENT D'ORIGINE ANIMALE.

Gelée à l'agar-agar, garantie 100% végétale

~ 31 ~
Préambule aux recettes : *cuisinez à l'instinct*

JE N'AI PAS ENVIE DE VOUS DONNER DES RECETTES OÙ LES DOSES SONT FIGÉES. Moi, j'aime bien faire la cuisine à l'instinct. Je vous laisse donc adapter mes recettes en fonction du nombre de personnes et de votre touche perso. Par contre un peu de bon sens : ne mettez pas 4 gousses entières si je vous dis de mettre de l'ail.

Régalez-vous !

L'important c'est le goût, pour se faire plaisir en mangeant.

Un bon bouquet garni

Mon pinceau de cuisine pour bien doser l'huile

RAPPELEZ-VOUS QUE LE BUT EST DE RÉDUIRE LES QUANTITÉS : pour remplir les assiettes chez vous, gardez en tête le visuel des portions au restaurant, ça permet d'avoir une bonne référence. On ne se sert qu'une fois et doucement sur l'huile. Une tranche de viande ou de poisson par personne et autant de légumes que de féculents dans l'assiette. N'oublions pas la variété et le dosage des différentes catégories alimentaires.

Préparez de belles assiettes variées et pas trop remplies.

~ 32 ~
Idées pour un apéro *minceur*

1   2   3   4

FEUILLETÉS AU CHÈVRE

feuilles de brick + fromage frais de chèvre + ciboulette ou surimi + parmesan

Coupez une feuille de brick en deux. Étalez un petit boudin de fromage frais et ajoutez de la ciboulette ou du surimi en petits morceaux et parsemez de parmesan râpé. Fermez la demi-feuille comme un petit paquet puis roulez-le. Faites cuire les feuilletés dans une poêle bien chaude, avec un peu d'huile.

AIL DOUX

Ces gousses d'ail pour l'apéritif sont très craquantes. Choisissez les grands formats, comme ceux des épiceries italiennes Pas de crainte, vous n'aurez pas le goût de l'ail en bouche (plutôt un goût genre cornichon).

COURGETTE AU FROMAGE FRAIS ET AU THON

thon au naturel + fromage frais allégé + poivre + courgettes + cacahuètes mixées en poudre

Mélangez le thon avec le fromage frais, poivrez. Coupez la courgette crue en très fines rondelles et mettez-y une généreuse cuillerée à café du mélange thon/fromage frais. Saupoudrez de cacahuètes.

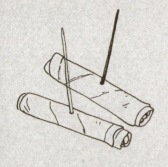

CIGARETTE DE JAMBON AU FROMAGE FRAIS

fromage frais allégé + parmesan + ciboulette + jambon blanc

Faites un mélange de fromage frais, parmesan et ciboulette. Tartinez-en les tranches de jambon et roulez-les en cigarettes.

GRESSINS AU JAMBON DE PARME

jambon de Parme allégé + gressins italiens

Enroulez le jambon autour des gressins. Super mariage.

Je déteste les apéros qui durent des heures. Quand on est au régime, c'est infernal. On devient nerveuse, et on se jette sur le pain dès que l'on passe à table. Pensez à prévenir l'entourage pour qu'il n'éternise pas ce moment convivial.

HARICOTS DE SOJA

Dans les restaurants japonais, goûtez aux haricots de soja, les edamame. Vous ne vous ruerez pas sur la suite du repas… ni sur le saké !

~ 33 ~
La soupe maison
(sans corvée d'épluchage)

LE PROBLÈME AVEC LA SOUPE, C'EST LA PRÉPARATION DES LÉGUMES. Je déteste la corvée d'épluchage des légumes, surtout qu'à la fin, j'ai plus de déchets dans ma poubelle que de bonnes choses dans ma casserole. Si je décide de faire une soupe, j'achète alors des poêlées de légumes ou des crudités en sachet. Coup de bol, tout est déjà coupé !

Et les soupes prêtes à l'avance ? Attention ! Certaines soupes toutes faites sont souvent très caloriques.

Bon plan soupe : buvez une soupe de légumes avant les repas : moi ça m'a permis d'éviter de trop manger et d'avoir faim ensuite.

SOUPE DE LÉGUMES

courgettes + carottes + bouillon cube de légumes + poivre + crème fraîche

Coupez les légumes en rondelles, ajoutez le bouillon cube dans une cocotte, poivrez. Recouvrez d'eau froide. Après cuisson, mixez et ajoutez de la crème fraîche.

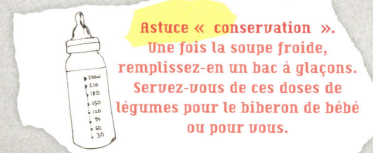

Astuce « conservation ». Une fois la soupe froide, remplissez-en un bac à glaçons. Servez-vous de ces doses de légumes pour le biberon de bébé ou pour vous.

SOUPE DE POTIRON OU DE BROCOLI

1 kg de potiron ou de brocolis + 1 courgette + 1 oignon + sel + poivre + 4 cuill. à soupe de crème fraîche à 4 % MG

Rincez les légumes, mettez-les dans une Cocotte-Minute, couvrez d'eau, salez et poivrez puis laissez cuire 20 minutes. Mixez et mettez la crème.

SOUPE RAPIDE AU GOÛT DE POT-AU-FEU

Je fais des soupes pour me réchauffer quand la température est au plus bas, surtout que mon moyen de transport au quotidien, c'est le scooter. J'adore la soupe qui sent bon et qui me rappelle le pot-au-feu de ma grand-mère. Vous savez, celui qui, à sa surface, a une magnifique plaque de gras. Il est vrai qu'une fois chauffé, il ne se voit pas, d'où le piège…

carottes + poireaux + navets + céleri + pommes de terre + aromates + 1 steak haché à 5 % MG + sel + poivre + crème fraîche à 15 % MG

Dans une cocotte, faites cuire tous les légumes et les pommes de terre, salez et poivrez. Mettez dans le fond de la cocotte le steak haché. Après 15 minutes, mixez la soupe. Rajoutez un peu de crème fraîche.

Astuce
« soupe pas grasse »

Pour dégraisser rapidement une soupe, plongez-y quelques glaçons et vous observerez d'un coup la matière grasse se coller aux glaçons. Magique !

~ 34 ~

De bons petits croûtons
sans matières grasses

Pour faire des petits croûtons, je fais griller une ficelle coupée d'abord en tranches, puis en demi-lunes. Je les frotte avec de l'ail. Ces petits croûtons sont à déguster dans une soupe ou parsemés dans une salade frisée. Mais bonjour l'haleine… Ce soir-là, ne pas prévoir de rendez-vous galant.
LE CÔTÉ POSITIF DE L'AIL, C'EST QU'IL EST BON POUR LA SANTÉ. Rassurez-vous, si nous avons grossi ce n'est pas à cause d'un excès d'ail. Donc cet aliment est sans restriction, soyons fous !

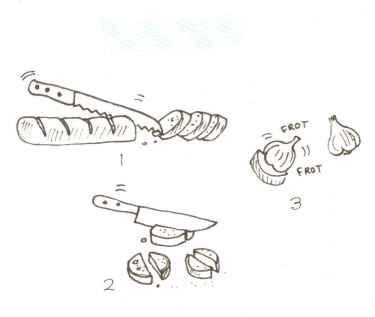

Quel pain choisir ?

Petit rappel : un pain aux noix, aux lardons, au fromage ou aux olives, est plus gras qu'un pain complet, intégral, au son ou au seigle.
Choisissez plutôt du pain bio (moins de pesticides).

Sac à pain.
Il existe dans le commerce un sac à pain chauffant (électrique). On ne jette plus son pain ni les viennoiseries de la veille, l'avant-veille ou du matin. Grâce au sac, il en ressort frais et moelleux, chaud et croustillant.

Parsemez des croûtons dans la soupe.

~ 35 ~
La salade régime, *pas déprime*

Le midi au restaurant, ce ne sont pas les quantités qu'il faut craindre, mais plutôt la main lourde du cuisinier sur les matières grasses. **PETITE INDICATION POUR DÉTECTER LE GRAS : « SI C'EST BON, C'EST LOUCHE. »** Pourquoi ? Parce que le gras est un exhausteur de goût. Après un déjeuner au restaurant, faites-vous le soir une grande salade assaisonnée, si possible, sans huile afin de rééquilibrer la journée. Garnissez bien la salade car si vous mangez une simple salade verte sans rien dedans, 1 heure après, vous aurez tellement faim que vous attaquerez le sachet de 500 g de M&M's.

SALADE FRAÎCHEUR

maïs en boîte + salade verte + pastèque + concombre

Mettez tous les ingrédients dans un saladier pour confectionner une salade. Assaisonnez léger et dégustez.

MELON AU PORTO

Coupez le melon en quartiers. Prenez un pinceau de cuisine et trempez-le dans le porto pour en parfumer le melon.

SALADE THON-LENTILLES

salade verte + thon au naturel + échalote en petits morceaux + lentilles + vinaigre balsamique noir + sauce pour nems

Lavez et essorez la salade, mélangez-la avec le thon, l'échalote, les lentilles, le vinaigre balsamique et la sauce pour nems.

CAROTTES RÂPÉES

Avez-vous remarqué que les carottes râpées sont un plat fréquemment consommé lors de régimes ? Elles ont un pouvoir de rassasiement fantastique, elles nous apprennent à mastiquer. Le problème, ce n'est pas les carottes, mais la sauce qu'elles contiennent quand vous les achetez chez le traiteur… Par conséquent, elles sont caloriques.

> **Petite astuce fraîcheur et légèreté assurées (pour éviter les matières grasses) :**
> râpez des carottes, râpez des pêches, mélangez le tout. C'est incroyable, un goût extraordinaire et surprenant ! À tester.

POP-CORN SUR UNE SALADE DE MÂCHE

1 œuf dur + salade de mâche + maïs en pop-corn

Mettez l'œuf dur dans un saladier, écrasez-le avec une fourchette. Ajoutez la mâche, faites une sauce avec les différentes astuces proposées. Au dernier moment, mettez le pop-corn.

SALADE DE CONCOMBRE

concombre ou fonds d'artichaut + crème de vinaigre balsamique en spray + huile d'olive en spray + sel + poivre

Coupez le concombre (ou les fonds d'artichaut) en rondelles, pulvérisez avec la crème balsamique et l'huile d'olive. Salez et poivrez.

Le spray, parfait pour bien doser

TOMATES À LA MOZZARELLA SANS MOZZARELLA

À la place de la mozzarella à 45 % de MG, je favorise la brousse allégée à 20 % de MG, que je coupe en tranches. J'ajoute des tomates, et j'arrose de ma petite sauce : tomates fraîches et basilic (*voir ma sauce robot express page 87).

Tomate fraîche

> :) Gérer uniquement les quantités et l'équilibre de son alimentation demande des efforts minimes comparativement aux personnes qui sont allergiques au gluten ou qui doivent faire un régime sans sel, sans coques, sans conservateur… Y'a pas photo !

~ 36 ~

Quelques sauces allégées…(non aux crudités nature !)

Je pars du principe que nous ne sommes pas des lapins pour manger chaque jour des crudités nature !

FAUSSE MAYONNAISE

100 g de fromage blanc à 0 % MG + 1 cuill. à café de crème épaisse + 1 cuill. à café de moutarde + sel + poivre + 1 œuf dur + vinaigre balsamique blanc ou jus de citron

Dans votre mixeur, mixez le fromage blanc, la crème épaisse, la moutarde, du sel, du poivre, l'œuf dur et du vinaigre (ou du jus de citron).

Préparez vos sandwichs avec cette fausse mayonnaise. Elle peut aussi accompagner des asperges ou du poisson. Ajoutez, si vous aimez, de l'ail, du ketchup, des fines herbes…

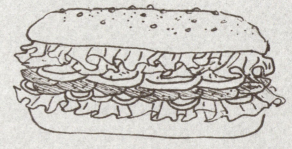

SAUCE À L'OIGNON POUR TREMPER LES CRUDITÉS

fromage blanc à 0 % ou 20 % MG + 1 sachet de soupe à l'oignon déshydratée (ou autre choix de soupe)

Mettez dans un bol du fromage blanc, incorporez 1 cuillerée à soupe de poudre à l'oignon. Mélangez et laissez reposer.

P-S : Idéal pour l'apéro et beaucoup plus léger qu'une mayonnaise.

SAUCE BLANCHE POUR LÉGUMES

lait écrémé + 1 bouillon cube + fécule + poivre du moulin

Faites bouillir du lait avec le bouillon cube. Délayez la fécule dans un peu de lait froid. Quand le lait est chaud, versez-y la fécule délayée et tournez jusqu'à épaississement. Poivrez et versez sur vos légumes (choux-fleurs, blettes, épinards…).

MA SAUCE ROBOT EXPRESS

basilic ou ciboulette + vinaigre balsamique noir ou blanc + 1 grosse tomate + un peu de moutarde + sauce pour nems + 1 cuill. d'huile d'olive

Mixez tous les ingrédients dans un robot mixeur. Le résultat : un magnifique coulis de tomates pour arroser généreusement vos différentes crudités… sans une tonne de matières grasses.

~ 37 ~
Des légumes à chaque repas

DES LÉGUMES 5 FOIS PAR JOUR, J'AI BIEN COMPRIS LA LEÇON. Donc mon objectif : des légumes à chaque repas ! J'achète des sachets de ratatouille, des légumes pour tajines, des légumes cuisinés à l'italienne et des légumes pour couscous. Mais le problème, c'est le taux de lipides : il dépasse souvent la quantité raisonnable ! Pour tricher, j'enlève des carrés de sauce facilement reconnaissables, avant la cuisson. = du goût, super rapide, et des légumes variés déjà préparés mais beaucoup plus légers.

Quelques règles pour préparer les fruits et légumes.

Bien laver et éplucher fruits et légumes. Un spécialiste lors d'une émission de télé disait que les pesticides ne partaient pas à l'eau claire mais plutôt dans une eau un peu savonneuse. Ce n'est pas facile de laver ses tomates comme on lave sa vaisselle. J'ai du mal, mais la santé c'est important.

QUE FAIRE AVEC UNE CONSERVE DE PETITS POIS-CAROTTES ?

2 cuill. à soupe de purée d'oignons + 1 dose individuelle de beurre salé + poivre + 1 boîte de petits pois-carottes

Faites revenir la purée d'oignons avec le beurre salé et poivrez. Ajoutez-y les petits pois-carottes. Remuez.

On peut rajouter des lardons maigres en jetant le surplus de graisse et on peut aussi remplacer les petits pois par des choux de Bruxelles.

Enlevez bien le gras des lardons.

ENDIVES CARAMÉLISÉES

endives + échalotes surgelées + bouillon cube de légumes + poivre

Coupez les endives en 4 après les avoir lavées. Mettez-les dans une grande poêle, ajoutez les échalotes. Émiettez un bouillon cube, poivrez et versez un peu d'eau. Faites cuire à feu vif, et dès que ça caramélise, baissez le feu jusqu'à cuisson complète.

LENTILLES-CAROTTES

lentilles vertes du Puy + bouillon cube + oignon + carottes + dés de jambon ou dinde + poivre + vinaigre balsamique

Faites cuire les lentilles avec le bouillon cube. Égouttez. Mixez l'oignon et 2 carottes, mélangez avec les lentilles puis ajoutez les dés de jambon, le poivre. Sur les lentilles tièdes, versez un peu de vinaigre balsamique. À table !

ÉPINARDS FRAIS

Je les ai découvert et franchement ça vaut le coup, une réelle différence. Faites cet effort de temps en temps. Le frais m'a réconcilié avec ce légume habituellement acheté surgelé.

ÉPINARDS À LA CRÈME

épinards frais + sel + poivre + crème fraîche à 4 % MG

Mettez dans une cocotte les épinards lavés, salez et poivrez. Faites cuire. Égouttez l'eau restant après cuisson. Remettez les épinards dans la cocotte et versez-y la crème fraîche.

AUBERGINES GRILLÉES

Pour la cuisson des aubergines, évitez d'utiliser de l'huile d'olive car ce sont de véritables éponges qui absorberont un maximum d'huile. Préférez le four pour les griller.

SOUPE DE LÉGUMES

Quand vous préparez une soupe de légumes, ajoutez-y quelques pois cassés : je trouve que ça donne une bonne consistance, surtout quand il n'y a pas de pommes de terre.

LÉGUMES CRUS

Faites une soupe froide en mixant tomates, concombre et poivron. C'est rapide, léger et frais !

Pourquoi ce besoin de finir son assiette ?

- La peur de gâcher.
- L'habitude de ne rien laisser dans son assiette (influence de l'éducation).
- La faim… ou la gourmandise.
- Un simple réflexe !
- Pour faire briller l'assiette.
- Pour éviter de garder des restes.
- Parce que c'est trop bon !
- Par obsession (je vous conseille de garder cette obsession pour les légumes verts).
- Rien ne va disparaître de la Terre parce que vous avez décidé de vous mettre au régime. Ce que vous aimez existera toujours dans un jour, un mois ou un an !

~ 38 ~
♡ J'aime les pommes de terre !

GRATIN DE POMMES DE TERRE

pommes de terre pour gratin
+ lait à 0 % MG chauffé
+ sel + poivre + parmesan
+ crème fraîche à 15 % MG
+ purée d'ail

Coupez les pommes de terre en rondelles. Mélangez le lait, du sel et du poivre, du parmesan, de la crème fraîche et de la purée d'ail. Prenez un plat à gratin et déposez-y les pommes de terre. Versez par-dessus la préparation liquide. Mettez au four jusqu'à ce que les pommes de terre soient cuites (à 200 °C therm. 6-7).

DES POMMES DE TERRE GOÛTEUSES !

pommes de terre + 1 kg d'oignons + sel + poivre

Dans une cocotte, mettez les pommes de terre et les oignons. Salez et poivrez, laissez cuire à feu vif, puis tranquillement jusqu'à ce que les pommes de terre soient cuites. Ajoutez éventuellement du vin blanc pour plus de goût.

POMMES DE TERRE AU FROMAGE

jambon de porc, de poulet ou de dinde + oignons + pommes de terre déjà cuites + 1 pot de cancoillotte (fromage liquide) + poivre + sel

Coupez le jambon et faites-le revenir avec des oignons dans une bonne poêle antiadhésive. Ajoutez les pommes de terre déjà cuites, versez de la cancoillotte, salez et poivrez et mélangez le tout. Pour un visuel appétissant, faites gratiner au four.

LA VRAIE PURÉE DE POMMES DE TERRE

grosses pommes de terre + sel + poivre + noix de muscade + lait + un peu de beurre

Mettez dans une casserole d'eau salée les pommes de terre épluchées. Faites bouillir jusqu'à cuisson des pommes de terre. Égouttez-les puis écrasez-les, versez un peu de lait. Mélangez un peu de noix de muscade si vous aimez et un peu de beurre (une cuillère à café par personne). Bon appétit !

TOAST DE POMMES DE TERRE AU SAUMON OU À LA SARDINE

2 pommes de terre à chair ferme + 2 petites tranches de saumon fumé ou 3 sardines à l'huile + jus de citron

Faites cuire les pommes de terre à la vapeur, coupez-les en deux et ajoutez le saumon ou la sardine écrasée. Prévoyez d'enlever le surplus d'huile avec de la mie de pain. Versez du jus de citron.

Bye bye, la purée en sachet !

J'adore !

~ 39 ~
Un bon plat *de pasta !*

Quel bonheur pour moi de manger des pâtes al dente...

PÂTES AU PISTOU

70 g de pâtes par personne + sel + poivre + pistou ou basilic + 1 cuill. à café de purée d'ail en pot + 2 cuill. à café d'huile + vinaigre + surimi + parmesan

Faites cuire les pâtes dans de l'eau salée. Égouttez-les et laissez-les refroidir. Mélangez avec tous les autres ingrédients. À servir frais !

INFO
Un paquet de 1 kg de pâtes crues = 3,5 kg de pâtes cuites.

Astucieux !
À Nancy, près de la place Stanislas (je vous conseille d'y aller tellement c'est magnifique), j'ai trouvé un doseur à spaghettis, avec des trous de différentes tailles pour faire des portions raisonnables, de 1, 2 ou 3 personnes.

On n'est pas obligé de finir cette plâtrée de pâtes...

Si je n'ai plus faim, j'arrête de manger.

~ 40 ~
Solutions
quiches & tartes

RECETTE DE PÂTE À TARTE

500 g de farine + 1 cuill. à café de sel + 1 sachet de levure + 100 g de crème fraîche entière + 100 g d'eau chaude

Dans un saladier, mettez dans l'ordre les ingrédients. Mélangez énergiquement. Formez une boule, puis étalez-la avec un rouleau. Garnissez la pâte selon votre envie : salée ou sucrée.

Pour écraser une pâte à tarte maison et éviter un surplus de farine, placez la pâte entre deux feuilles de papier sulfurisé. Écrasez avec un rouleau ou une bouteille. Ni une ni deux, une pâte prête à garnir.

QUICHE ÉCHALOTE-JAMBON

500 g d'échalotes + dés de jambon + 3 œufs + 1 briquette de crème fraîche liquide à 15 % MG + poivre + pâte à pizza

Mélangez les ingrédients dans un saladier et placez la pâte à pizza dans un plat à tarte. Versez-y la préparation. Mettez au four pendant 40 min à 200 °C (therm. 6-7).

TARTE À L'OIGNON

L'enfer avec la tarte à l'oignon, ce sont… les oignons. L'épluchage d'abord, puis la cuisson : une vraie éponge, ça vous pompe l'huile en deux secondes. J'ai une solution imbattable.

1 kg d'oignons surgelés + 1 cuill. à soupe d'huile + sel + poivre + 4 feuilles de brick + crème fraîche à 4 % MG

Faites cuire au micro-ondes les oignons dans un saladier. Quand ils sont translucides, faites-les revenir dans une poêle avec l'huile, le sel et le poivre. Empilez les feuilles de brick les unes sur les autres et mettez-y les oignons caramélisés et la crème. Mettez le tout au four. Cuisson à l'instinct !

~ 41 ~
Pause Sandwich

N'ayez pas peur des sandwichs, l'important est de maîtriser le contenu. Il faut éviter trop de matières grasses, voici quelques astuces. On remplace le beurre par :

⇨ du cottage cheese à 20 % MG
⇨ de La Vache qui rit allégée
⇨ de la moutarde (très nombreuses variétés)
⇨ du fromage frais (type St Môret)
⇨ de la crème fraîche
⇨ du ketchup avec une pointe de moutarde
⇨ des crèmes de gruyère
⇨ du fromage ail et fines herbes allégé.

Tartinez largement sur le pain et ajoutez d'autres ingrédients au choix (crudités, cornichons, poivrons, viandes, jambon, œufs...)

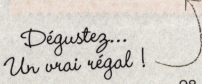

Dégustez... Un vrai régal !

SANDWICH FRAÎCHEUR

carottes râpées + sauce « Le Jardin d'Orante » sans MG (différents parfums) + pain + 1 œuf dur

Assaisonnez les carottes avec la sauce, mettez-les dans le pain et glissez-y l'œuf coupé en rondelles.

Ficelle ou baguette ?

Pour un sandwich à l'aspect sympathique tout en limitant ma consommation de pain, je préfère la ficelle (plus longue) que le pain ou la baguette. La baguette complète est plus rassasiante que la baguette blanche : elle vous tiendra mieux au corps sur la journée.
P-S : évitez les grosses miches de pain

SANDWICH COMPLET ET ÉQUILIBRÉ

champignons émincés en boîte (ou champignons de Paris crus) + ciboulette + œuf + ketchup + pain

Faites revenir les champignons en boîte dans une poêle avec la ciboulette (mettez ceux de Paris crus directement dans le pain). Ajoutez l'œuf pour obtenir une omelette. Tartinez du ketchup sur du pain et déposez l'omelette.

SANDWICH AU JAMBON

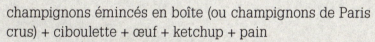

salade + pain + 1 cuill. à soupe de vinaigrette blanche pour crudités + jambon au poivre + 1 cuill. à soupe de gruyère râpé

Mettez la salade dans le pain et versez la vinaigrette dessus, ajoutez-y le jambon et le gruyère.

~ 42 ~
La viande pendant le régime

FILET MIGNON EXPRESS

2 filets mignons + échalotes surgelées + sel + poivre + vinaigre balsamique

Coupez la viande en rondelles. Mettez-la dans un wok ou dans une sauteuse aux bords très hauts. Faites revenir à feu vif sans matière grasse. Recouvrez d'échalotes, mélangez. Salez et poivrez, laissez cuire à feu doux. Quand la viande est cuite, déglacez avec le vinaigre. Pour équilibrer le tout, rajoutez une boîte de petits pois-carottes ou de macédoine de légumes.

On n'oublie pas les légumes avec la viande

Limitez la consommation de viande et de charcuterie.

LAPIN À LA MOUTARDE

cuisses de lapin
+ moutarde de Dijon

Badigeonnez les cuisses avec de la moutarde et placez les morceaux dans un plat allant au four.

Les cuisses de lapin sont moins caloriques que le râble du lapin…

Astuce

Pour avoir des parts de viande plus grandes, je fais comme ma grand-mère de Croatie : je tape la viande avec un marteau de cuisine. En plus, ça l'attendrit, elle est plus fine mais plus large.

STEAK HACHÉ

échalotes + 1 cuill. à café d'huile + steak haché à 5 % MG + sel + poivre + vinaigre de framboise

Faites revenir les échalotes avec l'huile. Ajoutez le steak, salez et poivrez. Quand la viande est cuite, déglacez avec le vinaigre.

STEAK OU BIFTECK HACHÉ ?

Le steak haché, c'est du muscle haché et de la matière grasse (5 %, 10 %, ou 20 %...) mais le bifteck haché, c'est exclusivement du muscle haché, donc c'est plus maigre.

~ 43 ~
Poulet et dinde :
option minceur

Évitez la peau des volailles, véritable repaire à graisses saturées qui bouchent les artères. Prenez des produits labellisés qui vous assurent un élevage avec filière graine de lin (plutôt qu'une nourriture uniquement constitué de maïs et de soja). La viande sera de meilleure qualité nutritionnelle.

RAGOÛT DE POULET, SANS LA PEAU MAIS AVEC LA SAUCE !

1 poulet sans la peau (sinon c'est trop gras avec la peau) + 500 g d'oignons émincés surgelés + 1 sachet de râpé de jambon ou bacon mixé + poivre + vin blanc

Coupez le poulet en morceaux, faites-le revenir dans une bonne cocotte. Ajoutez les oignons, le râpé de jambon, poivrez et mouillez avec le vin blanc. Laissez cuire.

> Il n'y a rien de pire que de faire un poulet en sauce et de ne pas saucer, c'est impossible ! Sauf si on déteste la sauce... mais moi j'adore !

DINDE AU PAPRIKA

escalopes de dinde + sel + poivre + paprika en poudre

Salez et poivrez les escalopes. Saupoudrez-les de paprika. Faites cuire à la poêle.

Attention danger avec ce classique des brasseries...

POULET DORÉ SANS LA PEAU

1 poulet + fromage ail et fines herbes allégé + sel + poivre du moulin aux cinq baies

Pour donner du goût à votre poulet (sans la peau !), placez à l'intérieur 1 ou 2 fromages ail et fines herbes allégés. Placez le poulet dans un sac transparent spécial cuisson allant au four, salez et poivrez. Le poulet sera doré et avec beaucoup de saveur.

POULET OU DINDE AU CITRON OU PARMESAN

blancs de poulet ou dinde + sel + poivre + parmesan en poudre ou jus de citron

Faites cuire les blancs de poulet ou de dinde sans matière grasse dans la poêle. Salez et poivrez. Dès qu'ils sont presque cuits, saupoudrez-les de parmesan ou arrosez-les de jus de citron (au choix).

~ 44 ~
Régimes grillades...
été comme hiver

GAMBAS AU BARBECUE

gambas surgelées ou fraîches + sauce pour nems

Mettez les gambas dans un plat et versez-y la sauce pour nems. Faites cuire sur un barbecue d'intérieur.

Une recette simplissime et délicieuse !

Il existe dans le commerce des barbecues d'intérieur garantis sans fumée. Une façon sympathique de faire un régime grillade pas seulement en été.

Servez les grillades avec une grande salade composée, pleine de couleurs, ça donne envie !

PRÉPARATIONS POUR VIANDE À GRILLER AU BARBECUE :

- sauce nuoc-mâm
- vinaigre balsamique + miel
- moutarde + ketchup
- moutarde Samora
- vinaigre à l'échalote
- vin
- aromates
- fines herbes

Laissez mariner la viande dans la préparation, épongez-la puis mettez sur la braise.

~ 45 ~
Poisson et fruits de mer,
de bons alliés minceur

JE ME BATS POUR GARDER LA LIGNE... ET J'AI ENTENDU DIRE QUE LE POISSON POURRAIT M'AIDER. Mais je déteste son odeur dans l'appartement ! Si vous faites brûler du zeste de citron sur votre brûleur à gaz, l'odeur du poisson est anéantie. La même chose avec du pain que vous faites griller pour éliminer les odeurs de gras, friture, viande grillée…

SAUMON EXTRA-SIMPLE

saumon fumé + jus de citron

Faites dorer pendant 1 minute le saumon à la poêle et servez avec un peu de jus de citron.

Conseil : prendre la queue du saumon, c'est la partie la moins grasse.

DÉLIRE DE THON

échalotes + thon au naturel + tomates concassées + sel + poivre + ail + crème à 15 % MG + accompagnement au choix (pâtes, riz, blé, quinoa, boulgour…)

Faites revenir les échalotes, mettez-y le thon, touillez. Incorporez les tomates, salez et poivrez, laissez cuire 5 minutes, puis mettez l'ail et la crème fraîche. Mélangez à l'accompagnement choisi.

RIZ AU SAUMON FUMÉ

riz + sel + saumon fumé + jus de 1 citron + crème fraîche à 4 % MG

Faites cuire le riz dans de l'eau salée. Coupez le saumon fumé en lamelles ou en dés. Égouttez le riz et mélangez-le avec le saumon. Ajoutez un peu de citron et de la crème.

RILLETTES DE POISSON EXPRESS

Mixez des restes de poisson avec de la ciboulette, des câpres, des échalotes ou du citron (selon vos goûts), un peu de crème fraîche épaisse (pour l'aspect pâteux). Salez et poivrez ! À servir sur des biscottes, du pain grillé, une feuille d'endive ou de la salade.

MOULES CITRONNÉES EN PAPILLOTE AU BARBECUE

moules fraîches + sel + poivre + citron vert + crème fraîche + papier d'aluminium

Faites une papillote avec les moules, du sel et du poivre. Arrosez de jus de citron, fermez la papillote et placez le tout sur le barbecue. Après cuisson versez un peu de crème fraîche.

Le bonheur, c'est la papillote, on colle tout ce que l'on veut sur le poisson. De la tomate, de la moutarde, des herbes fraîches ou surgelées, des légumes, des pommes de terre, du citron... Cuisson au four classique ou au micro-ondes.

Astuce

Si vous n'avez pas de barbecue et que vous n'avez aucune envie d'ouvrir votre four pour une seule papillote, placez-la dans une poêle et faites la cuire comme un steak.

MOULES SANS RINCE-DOIGTS

1 cuill. à soupe de purée d'échalotes + 2 doses individuelles de beurre salé (30 g) + poivre + 800 g de moules décortiquées surgelées + 1 l de vin blanc + crème à 4 % MG

Dans une cocotte, faites revenir la purée d'échalotes avec le beurre, et du poivre. Mettez les moules et laissez-les cuire. Ajoutez 1 litre de vin et la crème à la fin. Dégustez chaud.

Avantage : des doigts nickel ! Pas la peine de prévoir les petites lingettes citronnées...

~46~
Les œufs :
pour des plats rapides et pas chers

Bien choisir les œufs

Sur chaque œuf est tamponné à l'encre un code indiquant le producteur et le mode d'élevage. Ce code est devant les initiales du pays producteur : Fr = France.

« 0 » œufs bio (la poulette gambade)

« 1 » œufs de poules élevées en plein air

« 2 » œufs de poules élevées au sol (œufs de batterie)

« 3 » œufs de poule élevées en cage

OMELETTE

Comptez 2 œufs par personne pour une omelette. J'allonge avec du lait de vache écrémé ou du lait de soja. Si je ne veux pas mettre trop de jaunes d'œufs, je mets 1 jaune pour 2 blancs. Salez et poivrez. Versez une petite cuillerée d'huile dans la poêle.

Possibilité d'incorporer un peu de safran à l'omelette.

BOULETTES LÉGÈRES

2 œufs + oignons, échalotes ou ail + moutarde + ketchup + sel + poivre + 1 petite poignée de riz cru

Mélangez tout les ingrédients, laissez reposer un moment au frais ; faites des boulettes à faire cuire à la poêle.

Il vous reste des blancs d'œufs ? Montez-les en neige puis mélangez-les avec du sucre. Faites-les gratiner au four.

~ 47 ~
Des crêpes pas grasses du tout

RECETTE DE PÂTE À CRÊPES SALÉES OU SUCRÉES

250 g de farine + 1 pincée de sel + 3 œufs + 1 cuill. à soupe d'huile d'olive + 1/2 l de lait écrémé

Mélangez la farine, le sel, les œufs et l'huile puis versez le lait doucement en mélangeant. Pour éviter les grumeaux je prends mon mixeur plongeur et je mixe en remuant.

La pâte peut se conserver 2 jours au frais.

Pour des crêpes sucrées, ajoutez du zeste de citron ou de mandarine. Pour des crêpes salées, ajoutez 1 cuill. à soupe d'huile d'olive au basilic.

ATTENTION AUX EXCÈS...

→ Pour éviter de manger des tonnes de crêpes, servez-vous en dernier.

→ On limite le gras : Utilisez un pinceau de cuisine ou un coton imbibé d'huile pour graisser la poêle. Vous pouvez aussi investir dans une super poêle antiadhésive ou en émail.

→ Des crêpes au chocolat : Incorporez à la pâte à crêpes traditionnelle 2 cuillerées à soupe de chocolat en poudre sucré et 1 cuillerée à café de cacao en poudre non sucré pour 1/2 litre de lait.

→ On tartine sans trop déborder... Pour éviter de mettre trop de pâte à tartiner, de confiture ou de sucre sur les crêpes, tracez une ligne de 1 cm de large tout le long de la crêpe et roulez-la.

~ 48 ~
Une mousse au chocolat *super light*

LA MOUSSE AU CHOCOLAT REVISITÉE

2 blancs d'œufs + 1 cuill. à soupe de chocolat en poudre

Battez les blancs d'œufs fermes puis incorporez délicatement la poudre de chocolat.

Le ratage de la vraie recette de mousse au chocolat (le jaune avait durci quand je l'avais mis dans le chocolat trop chaud) m'a inspiré cette recette…

Limitez le chocolat : j'achète chez le chocolatier 3 bons chocolats en sachets individuels, rien que pour moi. Même si je mange tout, je n'en aurai mangé que 3.

Je me brosse les dents avec **un dentifrice salé**, je n'ai plus envie de chocolat… mais peut-être j'aurai envie de fromage. Quand je me brosse les dents avec un **dentifrice goût menthe**, je n'ai plus envie de fromage, mais peut-être aurai-je envie de chocolat, car il se marie très bien avec la menthe…

~ 49 ~
Salades de fruits *faciles*

J'AVOUE, LE PLUS DUR EST DE COUPER LES FRUITS POUR LA SALADE. Une fois cette corvée finie, je ne sucre pas les fruits mais je mets 2 cuill. à soupe de sirop de barbe à papa, violette ou mimosa, un très bon mariage. Pensez aux sirops sans sucre. Succès assuré ! Pour éviter l'épluchage, prenez des fruits coupés surgelés ou en conserve !

Une façon rigolote de sucrer

MANGUE TRANCHÉE SURGELÉE

+ Un peu de menthe fraîche
+ De belles coupelles individuelles

= Une salade de fruits facile à réaliser

~ 50 ~
Petit déjeuner *malin*

POUR LE PETIT DÉJ, OUBLIEZ UN PEU L'ÉTERNELLE BISCOTTE NATURE, souvent plus grasse que le pain et en plus complètement associée au mot régime ! Je préfère mille fois le pain d'épice toasté avec sa croûte caramélisée… c'est trop bon ! Toujours le même conseil, doucement sur les quantités. Deux tranches par personne, cela me semble raisonnable.

Faites-vous plaisir dès le matin en variant le menu du petit déjeuner.

Du pain mais pas trop

Pour limiter ma consommation de pain, je le congèle tranché. Le matin, il suffit de prendre les tranches congelées et de les mettre directement dans le grille-pain.

Du beurre mais pas trop non plus

Pensez au beurre ramolli car on en met moins que du beurre tout droit sorti du réfrigérateur.

Info : si vous souhaitez tartiner du beurre sur un pain grillé suédois, retournez-le, vous économiserez énormément de beurre.

Paquet entamé, paquet terminé

Avec moi, tout paquet de gâteaux, tablette de chocolat, boîte de céréales, paquet de bonbons commencé était systématiquement vidé.

Solutions pour éviter la razzia :

○ J'achète certains produits en portions individuelles ou en mini-doses pour éviter les abus sur les quantités.

○ Je lis les étiquettes : je fais la différence entre les produits laitiers et les desserts lactés car ceux-ci sont plus gras et sucrés. Mais bon, de temps en temps, une bonne Danette après tout ça fait bouger : « on se lève tous pour Danette ».

hop !

chouette !

Euh !!!

COMMENT RÉSISTER
aux multiplunes tentations gourmandes ?

Faire régime dans un monde hostile

juste un croc...

~ 51 ~

Vraie mince *(en pilote automatique)* vs fausse mince *(toujours sur le qui-vive)*

MOI, JE SUIS UNE OGRESSE. J'adore les quantités, je ne sais pas pourquoi, même le ventre plein j'arrive à glisser un chocolat à la fin du repas dans ma joue… Une vraie mince gardera ce chocolat pour le lendemain ou, tout simplement, elle vous le refusera en vous disant : « Je n'ai plus faim… ».

La vraie différence est qu'une mince est en pilotage automatique : quand c'est fini, c'est fini. Nous, nous sommes en manuel, il nous faut toujours réfléchir. Elle a raison « la mince raisonnable » : quantité excessive signifie trop de calories. Il faut ralentir et diminuer le contenu de nos assiettes. Que j'aimerais être en automatique….

LES VRAIES MINCES NE PEUVENT S'EMPÊCHER DE TRIER DANS LEUR ASSIETTE, C'EST PLUS FORT QU'ELLES. Lors d'un repas, elles vous laisseront toujours quelque chose dans l'assiette, comme un peu de gras et deux bouts de patate.

**LES VRAIES MINCES MANGENT LEN-
TEMENT.** Moi j'engloutissais vitesse TGV et je sauçais tellement mon assiette avec le pain qu'elle brillait de mille feux. Je finissais tout, c'était plus fort que moi (l'alibi invoqué : quand j'étais petite, on m'a appris à finir mon assiette). Et alors, à la mince, on ne lui a rien dit ?

La force des gourmandes : on sait se faire plaisir.

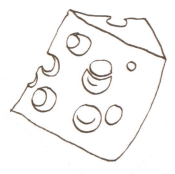

Quand on leur sert un plat, les authentiques sveltes retirent leur assiette « Merci, ça suffit ! », alors que **NOUS,** les fausses minces ou les vraies grosses, on laisse gentiment notre assiette se remplir généreusement. Et quand on a fini, on en redemande.

Au moment du fromage, notre mince va choisir un morceau de fromage sur l'ensemble du plateau. **NOUS**, on prend un morceau de chaque fromage du plateau.

Au moment du dessert, la mince va feindre l'évanouissement en voyant le gâteau, tellement elle n'en peut plus, et vous balancera gentiment : « Je suis calée, plus rien ne rentre dans mon estomac ». **NOUS,** même l'estomac tendu au maximum, on trouvera la volonté, le courage et l'envie de faire honneur au dessert.

Je veux toujours faire honneur au dessert !

~ 52 ~

Pourquoi je n'arrive pas à résister à *la tentation ?*

UN JOUR, JE REGARDAIS DU SUCRE FONDRE EN FAISANT DU CARAMEL POUR MES ENFANTS. Le sucre faisait des bulles au fond de la casserole. Je ne sais pas ce qui m'a pris, c'était peut-être pour goûter le caramel doré, j'ai trempé mon doigt dans la casserole. Par réflexe je l'ai mis dans ma bouche pour arrêter la brûlure. Même avec la langue à moitié brûlée, j'ai continué de manger. C'est complètement fou.

SI VOUS N'ARRIVEZ PAS À RÉSISTER À LA TENTATION, C'EST PEUT-ÊTRE PARCE QUE VOUS FAITES UN RÉGIME TROP STRICT, SANS PLAISIR ?

MAIGRIR NE RÉSOUT RIEN, CELA PERMET SEULEMENT D'ABORDER LES CHOSES DIFFÉREMMENT QUAND ON SE SENT BIEN DANS SON CORPS ET DANS SA TÊTE. J'ai remarqué que la perte de poids par un amaigrissement volontaire ne règle aucun problème matériel ou autre : n'attendez pas une résolution miraculeuse des problèmes que vous pouvez avoir (dans votre couple, avec vos enfants, au travail, des dettes…).

Petit rappel : un petit bout de chocolat + un petit bout + un petit bout, au final c'est un sacré morceau. C'est pourquoi notre vitesse d'amaigrissement c'est plutôt « pousse-pousse » que « formule 1 ».

Posez-vous les vraies questions comme :

⇒ Pourquoi ai-je envie de maigrir ?
⇒ Est-ce vraiment le bon moment pour faire un régime ?
⇒ Est-ce que mon changement de comportement alimentaire est ma priorité ?
⇒ Est-ce que je me prive trop ?
⇒ Ai-je besoin de maigrir ?
⇒ Y a-t-il urgence pour ma santé ?
⇒ Quel serait le bénéfice d'un amaigrissement ?

SOYEZ COOL AVEC VOUS-MÊME, RASSUREZ-VOUS CAR IL N'Y A PAS D'URGENCE. Après tout, le chocolat existera toujours demain matin ! Et si vous craquez ? Et alors, ce n'est pas grave. Demain et l'heure d'après, il sera toujours temps de rattraper… Ne pensez pas, comme je l'ai longtemps cru, que certains aliments comme le chocolat, les gâteaux, le fromage, la charcuterie, sont néfastes. J'avais tout faux. **C'EST LA QUANTITÉ QUE JE MANGEAIS QUI ÉTAIT NÉFASTE POUR MOI.** Si j'avais grossi, c'est à cause des tonnes que je mangeais, et non de la nature des aliments.

~ 53 ~
Comment tenir pendant tout mon régime ?
C'est trop long dis donc…

ACCEPTEZ-VOUS, REGARDEZ-VOUS AVEC TENDRESSE ET NE SOYEZ PAS DANS L'URGENCE : POUR CHANGER, IL FAUT DU TEMPS. Vivez au mieux la période de transition entre être trop grosse et plus mince. À ce jour, je ne me considère pas comme une mince mais comme une ex-grosse. Ça me convient. Dès que j'ai commencé à maigrir, je me suis sentie plus forte moralement, j'ai pu accomplir de nombreuses choses et réaliser des projets. Depuis une dizaine d'année, je présente des spectacles pour enfants dans les écoles maternelles, je suis devenue « la Fée Équilibre ». Mon rôle de comédienne au sein de l'association de spectacles pédagogiques pour enfants est d'informer sur l'éducation à la santé.

Moi, la Fée Équilibre !

MÉMO « RÉGIME QUI DURE »

- Se rappeler l'objectif du régime.
- Avoir confiance en soi : « J'en suis capable ! Si elle arrive à maigrir, pourquoi pas moi ? »
- Je ne me coupe pas du monde, je continue à sortir, je vis normalement.
- Tolérance zéro pour les frustrations.

J'ai déjà entendu dire « Pour tenir un régime, j'ai dû en faire deux à la fois parce qu'un seul ne m'aurait pas assez nourri ». Je comprends tout à fait ce message.

ATTENTION AUX MAUVAISES HABITUDES. J'ai changé : après 3 chocolats, je range la boîte. Bon, ce n'est pas vrai tous les jours. C'est le signe qu'il faut encore que je m'améliore. Je sais que je ne serai jamais parfaite. Je n'ai pas la « light attitude ». Même aujourd'hui, je retombe dans certaines anciennes habitudes, plutôt mauvaises… J'aimerais tellement que cette bataille pour la maîtrise de mon poids soit facile.

LA MALADIE DE LA BALANCE. J'ai longtemps était atteinte de la « maladie de la balance », ce besoin de se peser tout le temps : avant de manger, après avoir mangé, après les tentatives d'activités sportives, avant le sauna, après le sauna, avant de me coucher, au réveil, après un verre d'eau, après une tablette de chocolat, avant de me laver…. C'était de la folie inutile. Aujourd'hui, ça va mieux : c'est 2 fois par semaine.

Je ne comprends pas, j'ai sûrement maigri !

~ 54 ~
Je booste *ma motivation* à mi-parcours

NE VOUS ARRÊTEZ PAS AVANT D'AVOIR ATTEINT VOTRE OBJECTIF. Prenez conscience que vous avez déjà fait un sacré parcours, donc ce serait dommage de baisser les bras. Si vous laissez tomber votre régime, qui reprendra le flambeau ? Malheureusement personne.

J'ai voulu maigrir pour suivre la mode, mais il s'avère que ça n'apporte rien. J'ai compris que je devais le faire pour moi et non pour ressembler à telle ou telle personne. D'ailleurs, imaginez que la mode soit de porter du 35 en chaussures et que, vous, vous faites du 42, eh bien c'est pas gagné ! Acceptez et aimez la personne que vous êtes : faire attention au contenu de son assiette devient plus facile.

> Le monde est injuste. Si un homme prend 10 kilos, on dira « c'est un bel homme ». Si une femme prend 6 kilos, on dira « elle est grosse ».

Je fais le ménage dans mes vieilles fringues
Tout à 1 euro !

MÉMO MOTIVATION

- Sortez vos anciens vêtements trop grands. Offrez-en une partie pour tourner la page et ne vous dites pas « au cas où ». Du coup, achetez-vous de nouveaux vêtements !
- Changez de vaisselle, prenez des sets de table colorés, des petits ustensiles comme des moules faciles d'utilisation...
- Variez vos repas car manger toujours les mêmes menus peut lasser.
- Récompensez-vous (hors nourriture) : séance de manucure, relooking, massages, sauna...
- Prenez conscience que ce ne sera que du positif si vous persévérez.
- Placez votre maillot de bain dans le réfrigérateur, ça peut vous rappeler votre objectif pour cet été. Ma belle-sœur s'est acheté un petit cochon à placer dans le frigo. Dès qu'elle ouvre la porte, il l'interpelle.

~ 55 ~
Expériences *(ratées)* de la privation

JE TENTE AU MAXIMUM DE NE JAMAIS ME PRIVER DANS MON QUOTIDIEN. Quand j'invite, je mange tout ce que j'ai prévu, même le gâteau au chocolat.

ON APPREND PAR SES ÉCHECS

LORS D'UN DÎNER, J'AI VOULU FAIRE LA FANFARONNE. Je n'ai pas pris de dessert avec mes invités à la fin du repas, prétextant que j'avais trop mangé (ce qui était faux bien sûr). À la place, j'ai pris un thé. Imaginez le supplice, surtout quand vous adorez le gâteau au chocolat… Bref ! Après le départ de mes amis, une fois seule dans la cuisine (mon mari était descendu pour jeter les poubelles), j'ai dévoré les deux parts restantes, en deux temps trois mouvements, comme si je n'avais jamais vu de gâteau de toute ma vie. J'aurais mieux fait d'en apprécier une petite part avec tout le monde, au lieu de la manger comme une voleuse…

Il ne reste plus de gâteau…

*À son retour,
mon mari me dit :*

« Il était très bon ton gâteau, il en reste un peu pour le petit déj demain matin ? »

*« Heu... non !
Les invités ont tout mangé ! »*

LA FRINGALE EST MA PIRE ENNEMIE, RIEN NE ME RAISONNE

J'AI SOUVENT VÉCU L'EXPÉRIENCE « PRIVATION » DES JOURNÉES ENTIÈRES EN NE MANGEANT QUE DES LÉGUMES. Un mercredi vers 13 heures, je suis allée acheter du pain et le goûter de mes enfants pour la sortie des classes. C'était, si je me rappelle bien, une grande viennoise au chocolat. Le temps passe et vers 15 h 30 en allant me chercher un verre d'eau dans la cuisine, je vois la viennoise sur la table : mes yeux n'ont fait qu'un tour comme le loup de Tex Avery. J'ai commencé à saliver plus que la normale. Sans foi ni loi, je me suis jetée sur la fameuse viennoise. Plus une miette sur la table, plus de goûter pour mes enfants (qui ont donc mangé des fruits). Quelle maman je suis ? Je me suis détestée de réagir comme ça, mais je n'avais que des légumes dans l'estomac depuis deux jours !

~ 56 ~
Les multiples *tentations* de la boulangerie

==Le bon choix : croissant ordinaire ou croissant au beurre ?== Le croissant ordinaire n'est pas moins calorique que le croissant au beurre. La différence est que l'un est à la margarine végétale, l'autre est au beurre (graisse animale).

==Le chausson aux pommes,== est-ce une bonne façon de manger des fruits ? Dans un chausson aux pommes, on retient « pommes », mais dites-vous que la compote est dans un sac d'huile (= la pâte feuilletée). C'est pareil pour le pain au chocolat. La solution à adopter : du pain frais avec un morceau de chocolat à l'intérieur.

==Les pains spéciaux : une bonne idée ?== Pain aux noix, pain au sésame… N'oubliez pas que les noix et le sésame sont des oléagineux avec lesquels on fait de l'huile. Donc prudence. Mais il est vrai que l'appellation de ces pains fait bio et saine…

==Pizza, quiche, pâtisserie, bonbons…== Ces délices vous font perdre la tête mais vous feront gagner des kilos si vous en consommez trop.

QUELQUES SOLUTIONS

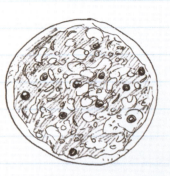

1 Coupez les parts en deux. Je pense que c'est la première bouchée la meilleure. Au dessert, prenez des mignardises cela fait autant plaisir.

2 Ne vivez pas dans la privation, car en fait ça gâche tout et on n'arrive à rien. Combien de fois j'ai résisté pour ne pas manger du chocolat ou des bonbons ? Alors pour compenser je me suis enfilée 3 yaourts, 2 pamplemousses, 5 carottes… pour au final manger quand même le chocolat. N'attendez pas la frustration maximum, vous économiserez sur les aliments mangés avant de craquer.

~57~
Pause-café
(sans succomber aux bonbons du distributeur)

PRUDENCE SUR LES CAFÉS DU DISTRIBUTEUR car le café lyophilisé apporte plus de calories que le café en grains ! Si vous carburez au café cela chiffre à la longue…

Les quantités sont maîtrisées.

À l'heure de la pause, prenez 2 chouquettes avec votre café ou votre thé (pas plus !) ou un petit paquet de 3 biscuits sablés.

JE PEUX PRENDRE UN CHOCOLAT AVEC MON CAFÉ ?

On ne se nourrit pas de chocolat mais d'aliments qui maintiennent l'équilibre alimentaire. **LE CHOCOLAT, C'EST QUE POUR LE PLAISIR ET PAS POUR SE NOURRIR.**

POUR UN CAFÉ GOURMAND PAS DÉCADENT

biscuits à la cuillère + chantilly allégée + copeaux de chocolat ou cacao en poudre non sucré

Coupez les biscuits en deux, mettez un peu de chantilly dessus et saupoudrez avec le chocolat. Préparez-en plusieurs, joli effet de présentation à servir avec un café ou un thé.

~ 58 ~
Faut-il se priver de dessert ?
IMPOSSIBLE

QUAND ON SURVEILLE SON POIDS, il est important de ne pas se priver alors faites ami-ami avec l'alimentation, même le sucré.

RIZ À LA CHANTILLY

riz rond + sucre vanillé ou extrait de vanille + crème Chantilly à 20 % MG

Faites cuire le riz sans sel (comptez 100 g de riz cuit par personne). Mélangez le sucre ou l'extrait de vanille et laissez refroidir. Mettez au frais et au moment de servir, mélangez le riz et la crème Chantilly.

GLACE SYMPA !

petites gaufrettes « Paille d'or » à la framboise + boule de glace cassis

Mettez la glace dans une coupelle et émiettez sur la glace, à l'aide de ciseaux, 3 gaufrettes.

FROMAGE BLANC À LA RHUBARBE

rhubarbe surgelée prête à cuire + fromage frais en faisselle + édulcorant

Faites cuire la rhubarbe, sucrez-la bien. Consommez-la avec la faisselle.

TARTE SANS PÂTE À LA CANNELLE

gros pot de fromage blanc à 20 % MG + 2 cuill. à café de sucre blond ou d'édulcorant + 3 œufs + 100 g de farine + cannelle en poudre + vanille + jus de citron

Mélangez tous les ingrédients et versez dans un moule à tarte. Faites cuire pendant 40 minutes dans un four à 200 °C (therm. 6-7). Vérifiez la cuisson en plantant un couteau : la lame doit ressortir sèche.

UNE PETITE RECETTE DE CUPCAKE

4 œufs + sel + 100g de sucre roux + le jus de 1 citron + 25 g d'huile d'olive + 120 g de farine + 1/2 sachet de levure

Battez les blancs en neige avec le sel. Mélangez au batteur électrique les jaunes, le sucre, le jus de citron, l'huile, la farine et la levure. Incorporez ensuite les blancs en neige. Remplissez des moules à cupcakes et faites cuire 10 minutes à 180 °C (therm. 6).

Plus léger, à la texture très agréable

Pour le glaçage du dessus, mélangez du sucre glace avec du jus de citron. Couvrez le dessus des gâteaux de ce mélange à l'aide d'une cuillère à café.

Vous pouvez remplacer le sucre par du « faux sucre » (de l'édulcorant). Ce n'est pas trop mon truc mais à vous de voir. Apprenez à consommer des produits vrais, retrouvez le bon goût des aliments.

Faux sucre

~ 59 ~
Faut-il bannir *la crème fraîche* du réfrigérateur ?

QUAND ON PARLE DE CRÈME FRAÎCHE ON S'AFFOLE : nous fuyons la crème de peur de grossir. Pourtant, la crème fraîche est moins calorique que le beurre.

Beurre : 80 % MG
Huile : 100 % MG
Crème fraîche :
4 à 35 % MG

VIVE LA CRÈME FRAÎCHE À 15 % MG POUR AGRÉMENTER UN PLAT ! Par contre, doucement sur la quantité car le but ce n'est pas d'y coller 3 briquettes ou le pot de 500 g mais de limiter la consommation pour éviter de prendre du poids…

Dans le même esprit, on trouve de la crème de soja nature en briquette, dans les boutiques bio. C'est très agréable, et en plus ça change ! Elle se marie très bien avec le poisson et la viande. Utilisez-la comme de la crème fraîche mais prudence elle est un peu plus calorique…

~ 60 ~
Fans de gruyère râpé, *levez la main*

JE SAIS COMBIEN NOUS SOMMES FANS DU GRUYÈRE. La preuve, nous en avons souvent dans le frigo. Mais il contient tout de même 45 % de matières grasses… Dans vos plats de pâtes, je vous propose de remplacer ce fromage par du parmesan frais (35 % MG). C'est beaucoup moins calorique et, ma foi, le goût est délicieux. En plus, il est tip top pour l'apport en calcium (1 300 MG pour 100 g) alors que le gruyère n'apporte que 1 010 MG de calcium pour 100 g.

Pour limiter la consommation de gruyère, coupez-le en morceaux et dégustez-le au lieu de l'engloutir. Moi je le coupe avec mon épluche-légumes plutôt que de croquer dedans et régler l'affaire en 3 bouchées.

ALLEZ CHEZ LE FROMAGER pour qu'il vous serve à la coupe et demandez une petite part de gruyère. Essayez les gruyères plus fruités, du comté et des fromages avec plus de goût.

> **J'adore !**
> Je mets du gruyère râpé sur mes gratins de légumes.

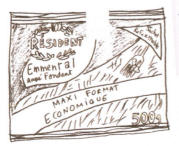

~ 61 ~
Le fromage blanc, un faux ami du régime ?
À OUBLIER

Nous avons toutes, en plein régime, englouti des tonnes de fromage blanc à 0 % MG afin de maigrir ou d'accélérer notre perte de poids, sans jamais y arriver. **STOP LES FILLES !** Cela ne fonctionne pas ! Oubliez le bol de fromage blanc. Les 90 % d'eau qu'il contient ne nous tiendront pas au corps de toute façon. Utilisez-le dans des sauces ou des desserts plus sympas !!!

PETITE ENTRÉE AU FROMAGE BLANC

fromage blanc à 0 % MG + œufs de lump noirs ou rouges + feuilles d'endive

Mélangez le fromage blanc avec les œufs de lump et placez le tout sur des feuilles d'endive.

C'est moins gras que la crème fraîche !

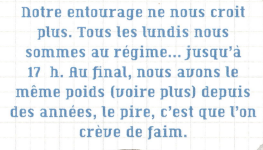

Notre entourage ne nous croit plus. Tous les lundis nous sommes au régime… jusqu'à 17 h. Au final, nous avons le même poids (voire plus) depuis des années, le pire, c'est que l'on crève de faim.

DU FROMAGE BLANC EN DESSERT, JE FAIS QUOI ?

Fromage blanc + salade de fruits

Fromage blanc + céréales complètes + 1 fruit

Fromage blanc + pomme au four

~ 62 ~

Vinaigrette
pas bête !

POUR MA PART, UNE SALADE SANS VINAIGRETTE je n'ai aucun plaisir à la manger. Je préfère m'en passer.

SAUCE VINAIGRETTE MAISON ALLÉGÉE

Pour alléger la sauce vinaigrette maison, coupez-la avec du lait écrémé, c'est meilleur que l'eau. Autant de lait que d'huile. Pour donner du goût, pensez à ajouter quelques gouttes d'arôme Maggi.

SAUCE VINAIGRETTE CITRON

moutarde à l'ancienne + jus de citron + herbes fraîches (coriandre, basilic, persil, ciboulette…) + sel + poivre

Faites le mélange de tous ces ingrédients, façon vinaigrette. Ajoutez une demi-cuillerée à café de miel si vous trouvez la préparation trop acide.

VINAIGRETTE 100 % RÉUSSITE

« Ras le bol » des vinaigrettes sans tenue où l'huile ne se mélange pas au reste ! À verser dans l'ordre dans le bol :

moutarde forte de Dijon (important) + sel + poivre + huile en fonction de la quantité désirée + vinaigre à l'échalote (je compte jusqu'à 10) + vinaigre balsamique

Je place mon mixeur au fond du bol, je ne bouge plus et j'allume le mixeur. La sauce se fait instantanément devant mes yeux comme une mayonnaise. Surtout n'apportez pas d'air dans le bol en tournant. Cette sauce est faite en 30 secondes.

salade, champignons, chèvre + ma vinaigrette

~ 63 ~
Évitez les excès de l'apéro

Si vous souhaitez faire des efforts pour perdre quelques kilos, il faudra sûrement **DIMINUEZ VOTRE CONSOMMATION D'ALCOOL AU MOMENT DE L'APÉRITIF**.

JUS DE LÉGUMES

Essayez les jus de légumes : Il est vrai que le jus de tomate n'a pas le même goût que le whisky mais pour maigrir, il faut savoir changer de temps en temps.

VOUS VOULEZ « FAIRE GENRE » ?

Si je veux « faire genre » en prenant un whisky-Coca, je prends un Coca light avec une cuillerée à soupe de whisky. Même couleur, même odeur, mais pas les mêmes calories. Restez stricte dans vos doses d'alcool !

La classe !

INCONDITIONNELS DU PASTIS

Pour les fans de pastis, il existe des pastis sans alcool. Avec 3 glaçons, le tour est joué, vous faites attention incognito. Le sirop d'orgeat peut aussi faire l'affaire, il a la même couleur que le pastis sans le goût de l'anis.

UN BOL D'OLIVES NOIRES OU D'OLIVES VERTES ?

N'abusez pas des olives… on en fait de l'huile. Saviez-vous que les olives vertes et noires poussent sur le même arbre ! La seule différence, c'est que les olives noires sont plus mûres, donc plus grasses que les vertes.

Petite occupation le jour où je tourne en rond dans la cuisine comme un lion en cage : ==je fais des glaçons !==

○ avec du sirop de grenadine sans sucre (ou autres parfums)

○ avec du jus d'orange pressé

○ avec des coulis de fruits pour mettre dans du fromage blanc

○ avec de l'eau et une petite feuille de persil, de la ciboulette, une rondelle de carotte ou une olive… pour des cocktails salés

○ avec de l'eau et un morceau de framboise, de mûre, de pomme, de citron, pour accompagner des jus de fruits.

~ 64 ~
Le bol
de cacahuètes

QUEL MOMENT SYMPA L'APÉRO ! On parle, on rigole, on se détend mais qu'est-ce qu'on mange… Vous n'avez pas idée du nombre de calories que l'on consomme à ce moment précis. Impossible de manger une seule cacahuète ! On ne fait pas tourner la cacahuète dans sa bouche pendant des heures, c'est par poignées qu'on liquide le bol sur la table basse ! C'est pareil pour les chips ou les pistaches.

Pensez aux tomates cerises.

Info
Il existe des chips sans sel. Au bout de quelques poignées de chips, vous ne ressentez plus le besoin de continuer, car l'absence de sel n'attise pas l'envie. Ça existe aussi pour les cacahuètes et les amandes.

~ 65 ~
La pâte feuilletée : *danger !*

QUAND ON M'INVITE, JE CRAQUE POUR LES MINI-QUICHES ET LES MINI-PIZZAS. Le problème, ce n'est pas la tomate dans l'histoire, mais la pâte feuilletée. C'est vraiment trop gras. Si vous avez un appétit d'oiseau ça ira, mais si vous êtes comme moi ce n'est pas gagné pour s'arrêter à deux petits fours.

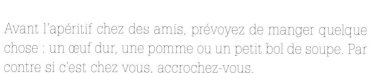

Avant l'apéritif chez des amis, prévoyez de manger quelque chose : un œuf dur, une pomme ou un petit bol de soupe. Par contre si c'est chez vous, accrochez-vous.

APÉRO SOUS CONTROLE

⇒ Ne campez jamais devant le buffet. Éloignez-vous-en, car si vous n'avez qu'à tendre le bras, vous vous servirez plusieurs fois. Si vous devez vous lever, vous vous lèverez moins souvent. En plus, vous ferez de l'exercice.

⇒ Faites le service, aidez la maîtresse de maison : ça occupe.

⇒ Gardez votre verre à la main et ne le videz pas trop vite. On ne vous le remplira jamais plus haut que les bords.

~ 66 ~

Comment recevoir *des invités* quand on fait régime ?

J'aime bien recevoir ! Je me plie en quatre pour le bien-être de mes invités, j'organise, je prépare. **J'AI AUSSI QUELQUES RÈGLES POUR ÉVITER DE LAISSER TOMBER TOUS LES PRINCIPES DU RÉGIME EN UNE SOIRÉE.**

LES BASES

Je n'oublie jamais d'équilibrer mon menu, même pour mes invités. Et pour ceux qui aiment assaisonner, je dispose tout sur la table : sauce, beurre, gruyère râpé, jus de viande….

VERRE À MOITIÉ PLEIN

Je bois de l'eau gazeuse, ça me coupe un peu l'appétit. Quand je dresse la table pour mes invités, je mets toujours deux verres : un pour l'eau, l'autre pour le vin. La soif se règle avec l'eau et le plaisir avec le vin. Du coup, on boit moins de vin : on évite un test d'alcoolémie positif et on prend beaucoup moins de calories.

MODÈLE RÉDUIT

J'aime le côté mini ! J'anticipe ma gourmandise avec des parts moins grasses et moins grandes. Je mets des petits pains individuels. Au dessert, une farandole de petites gourmandises.

SERVICE À L'ASSIETTE

Je sers aussi à l'assiette : je charge les assiettes des invités et, dans la mienne, je me mets ce que je veux. Les invités sont heureux de ne pas tomber sur l'assiette la moins garnie.

~ 67 ~

Test : savez-vous équilibrer *un plat* ?

1 *Que pensez-vous de cette recette ?*

BLÉ AU POISSON

250 g de blé (type Ebly)
300 g de gambas surgelées à l'ail et au persil
1 filet de cabillaud de 100 g environ
2 petites tranches de saumon fumé
sel, poivre

Faites cuire le blé dans de l'eau salée, comme des pâtes.

Dans un wok ou dans une grande poêle, faites revenir les gambas pendant 8 minutes avec le filet de cabillaud et le saumon coupés en lamelles. Poivrez.

Mélangez le blé égoutté avec le contenu de la poêle. Faites revenir jusqu'à l'obtention de croustillant.

Attention de ne pas trop saler car les plats préparés le sont déjà.

2. Petit test… Que manque-t-il pour équilibrer le plat ?

Pas la peine de toujours terminer son assiette. On peut faire des restes !

Rappel des fondamentaux pour un repas équilibré

- Protéines (œufs, viande, poisson)
- Féculents (riz, pâtes…)
- Matières grasses
- Légumes et fruits
- Laitage

Réponse = des légumes

~ 68 ~

Le régime *même* en vacances ?

LE SUD, LES CIGALES, LE PASTIS ET LE ROSÉ : QUEL BONHEUR ! Mais la prise de kilos en trop de l'été n'est sûrement pas la faute aux cigales ?! Dites-vous que les kilos, ça se limite… comme les bagages en voyage. Si on était pesé avant le retour de vacances, on resterait dans le pays du séjour pour dépassement du poids autorisé.

Dans les formules « all inclusive », je pense qu'ils ont aussi inclus les kilos excédentaires. On fait bronzette tout en regardant les cours d'aquagym : bravo aux courageux qui se démènent pour éliminer leurs repas.

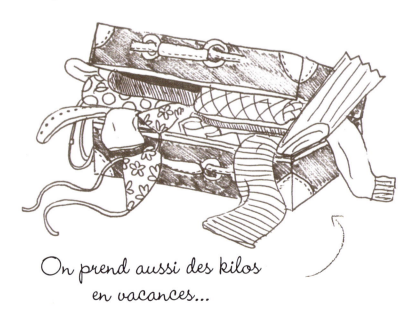

On prend aussi des kilos en vacances…

PETITES PAUSE-GOÛTER EN VACANCES

Épis de maïs

À cuire au micro-ondes ou dans de l'eau bouillante salée. Idéal, les filles, pour être rassasiées (pas de fringale pendant longtemps). Détendues sur la plage, une collation sympa plutôt que des beignets bien gras.

Des fruits très frais

Pastèque ou melon : à couper en cubes et à mettre au congélateur la veille, dans une boîte en plastique. Emportez la boîte à la plage. C'est délicieux, frais et riche en eau.

~ 69 ~

Sangria d'été : olé !

LES VACANCES POUR MOI C'EST NE RIEN FAIRE. Par contre, je ne sais pas pourquoi, j'ai toujours envie de manger ou de siroter quelque chose. Ça m'occupe et puis je trouve que ça fait vacances.

SANGRIA D'ÉTÉ

thé au cynorhodon (très riche en vitamines C) ou aux fruits rouges + jus de citron + cannelle en poudre + sucre roux ou édulcorant + nectarine

Faites du thé, laissez refroidir, pressez-y du jus de citron, ajoutez un peu de cannelle, sucrez et coupez une nectarine en fines lamelles. Vous obtiendrez un liquide rouge vif. Mettez au frais et sirotez à volonté les pieds en éventail.

Le clou du spectacle, les filles : la tranche de nectarine à déguster à la fin, au fond du verre.

~ 70 ~
Pourrai-je boire du vin *lors de mon régime* ?

Un repas contenant de l'alcool vous fera plus grossir qu'un repas sans alcool. Pourquoi ? La priorité de l'organisme sera de dégrader l'alcool au détriment des autres nutriments, donc on stocke davantage. Votre médecin vous expliquera tout cela mieux que moi. Je ne suis pas une scientifique. Le mot d'ordre est donc : modération. **À VOUS DE CHOISIR LES MOMENTS PRÉFÉRÉS POUR CE PLAISIR : APÉRO, CONVIVIALITÉ, DÉTENTE EXCEPTIONNELLE.**

CONSOMMER L'ALCOOL AVEC MODÉRATION

Qu'est-ce que ça veut dire « modération » ?
Je vous donne une astuce pour connaître le visuel d'un verre de vin : un pot de yaourt.
Sachez qu'un verre correspond à 12,5 cl ; parfois certains gobelets en plastique font 20 cl.
Le petit verre à moutarde fait 8 petites gorgées (ne vous pressez pas).

N.B. : après 2 ou 3 verres de vin, on devient amnésique, on ne se rappelle plus qu'on a décidé de maigrir, donc molo sur l'alcool.

~ 71 ~
Tu grignotes ? *Non*, je fais une collation !

Finir les assiettes et les casse-croûtes des enfants, manger le dernier bout de pain en débarrassant la table, saucer le fond des casseroles… **TOUT CELA, CE SONT DES PETITS PLUS QUI NE FERONT JAMAIS DES GRANDS MOINS SUR LA BALANCE.**

J'ai décidé de ne plus finir les restes de ma famille, je ne veux plus être la poubelle des autres. J'ai remarqué que mes enfants ne mangeaient jamais l'œuf en chocolat des Kinder. C'est moi qui les mange jusqu'à la dernière miette que je récolte sur la table avec l'index humide, pour que le chocolat colle bien et arrive le plus rapidement possible jusqu'à ma bouche. Du coup mon cadeau Kinder, ce sont les kilos.

QUE FAIRE AVEC DES RESTES RASSIS DE BRIOCHES OU DE PAINS AU LAIT ?

restes de brioche + 1 œuf + lait écrémé + cannelle ou vanille + quelques pépites de chocolat + 2 cuill. à café d'huile (parfumée à l'olive, au citron ou à la mandarine)

Mélangez le tout et faites cuire comme une omelette.

Attention aux collations qui commencent à 16 h et finissent vers 19 h. À mon avis, cela ne s'appelle plus un goûter…

PETITE COLLATION SALÉE

petit-suisse à 0 % MG + sel + poivre + ciboulette + galettes de riz soufflées + tomates cerises

Mixez le petit-suisse avec du sel, du poivre et de la ciboulette. Tartinez sur les galettes. Déposez les tomates cerises coupées en deux.

==Un yaourt contient 90 % d'eau,== il n'est pas le plus approprié pour vous rassasier si vous avez faim. Le but n'est pas d'en manger une dizaine surtout que le lactose qu'il contient, c'est du glucose.

TOAST POMME-CHÈVRE

Avez-vous déjà testé le toast de crottin de chèvre grillé sur des rondelles de pomme verte ? Le mélange sucré-salé est très intéressant. Et sur un lit de salade, c'est délicieux ! Certains y ajoutent du miel. Si vous en préparez plusieurs, évitez de lécher la cuillère à chaque fois. Imaginez que c'est de la moutarde vous n'aurez pas le même réflexe.

CHARLOTTE EXPRESS ⭐⭐

1 sachet de flan non sucré (vanille, chocolat ou citron) + biscuits à la cuillère + lait écrémé

Faites le flan selon les indications du sachet. Mettez les boudoirs dans le fond du moule à charlotte, versez un peu de flan, ajoutez des biscuits et recommencez l'opération en plusieurs couches. Parfois les boudoirs remontent, ce n'est pas trop grave. Vous pouvez aussi tremper au préalable les biscuits dans un peu de café.

~ 72 ~
Envie de chips et de bonbons en voiture : *non !*

Paris / Saint-Raphaël, direction le camping du Dramont. Le trajet est tellement long en voiture que l'occupation la plus alléchante après avoir chanté l'album entier de Julio Iglesias et celui de Brigitte Fontaine, lu les plaques d'immatriculation, compté les camions, s'être rafraîchi avec le brumisateur… c'est boire, manger, grignoter, goûter… **PASSANT DU SALÉ AU SUCRÉ. JE PRÉPARE À L'AVANCE QUELQUES SANDWICHS, POUR ÉVITER LES CHIPS…**

Julio, tu m'aimes avec mes kilos en trop ?

Faites comme ma cousine : dès qu'elle part en vacances, elle se prépare son petit repas dans une lunch box avec compartiments. Un peu de ci, un peu de ça… Ça met en appétit de voir cette diversité !

SANDWICH FRAÎCHEUR

pain complet (très rassasiant)
+ cottage cheese à 20 % MG
+ concombre frais ou tomate
+ poivre

Mettez dans le pain complet du cottage cheese, poivrez et glissez-y des rondelles de concombre frais ou de la tomate.

SANDWICH AU THON

pain + thon à la catalane + salade

Mettez dans le pain du thon à la catalane avec quelques feuilles de salade.

~ 73 ~

J'adore grignoter *devant* la télé

APRÈS UN BON REPAS, QUI N'A JAMAIS EU ENVIE DE SE PRENDRE UNE GLACE AU MOMENT DE LA COUPURE PUB DEVANT SA SÉRIE PRÉFÉRÉE ? Il est vrai que l'habitude est à changer, mais c'est plus facile à dire qu'à faire. Pour m'éviter les désagréments des glaces trop caloriques, je congèle les quatre pots entiers de mousse au chocolat noir pour les savourer doucement sans culpabilité. Car si je les laisse en mousse, j'ai vite fait, vu la texture et la quantité, de liquider les quatre pots en un temps record.

MÉMO GRIGNOTAGES TÉLÉ

- Un sorbet chocolat plutôt que de la glace chocolat
- Une boisson chaude, tisane ou thé

GROG REVIGORANT SANS ALCOOL

Faites-vous un « grog » avec du citron pressé dans de l'eau chaude, un peu miel et de la cannelle. Certains ajoutent des clous de girofle.

Accro aux pubs de bouffe...

RÉGIME SANS COUPURE PUBLICITAIRE

À CHAQUE FOIS QUE J'AI EU DES ENVIES EN REGARDANT LA TÉLÉ, C'ÉTAIT AU MOMENT DES PUBS. Je suis accro à la pub et je suis la cible parfaite : une vraie ménagère de 40 ans. Quand je vois des pub de barres chocolatées, j'ai envie d'en manger, de Nutella aussi, de petits biscuits n'en parlons pas, de rillettes sur du pain un vrai bonheur, et les cônes glacés l'été, le chocolat… c'est dingue, je suis prise de pulsions. Par contre, devant les pubs de haricots verts, de maïs, de viande rouge, de jambon, de café, de thé, de biscottes, curieusement, mon corps et mon esprit ne réagissent pas à cet appel à la tentation.

~ 74 ~
À l'attaque
du petit creux
de l'après-midi !

Je ne sais pas pour vous, mais moi, le petit creux de l'après-midi est énorme.

UN BON CHOCOLAT CHAUD

lait écrémé + chocolat allegé en poudre

Faites chauffer le lait et mettez-y une cuillerée à soupe de chocolat en poudre. C'est délicieux et peu calorique. Un vrai bonheur surtout au fond de la tasse après avoir bu le lait…

Vous perdrez quelques batailles en craquant de temps en temps mais vous ne perdrez pas la guerre. Si vous rencontrez l'échec, servez-vous-en c'est un allié.

GLACE MINUTE À LA FRAMBOISE

Si j'ai quelques minutes, je prends 1 pot de fromage blanc à 0 % MG à la vanille avec 100 g de brisures de framboises surgelées (de chez notre ami commun « le vendeur de surgelés »), je mélange le tout et j'obtiens une grosse glace minute à la framboise.

Tada !

~ 75 ~
Le grignotage : posez-vous les vraies questions

ON AFFRONTE LA RÉALITÉ EN FACE

UN DE MES GRANDS DÉFAUTS EST LE GRIGNOTAGE QUE JE TENTE DE MAÎTRISER LE PLUS SOUVENT POSSIBLE. Mais est-ce de l'envie ou de la faim ? Une envie, c'est comme une vague, ça arrive et ça repart. Encore que… parfois elle est longue à partir…

Quand une folle envie de sucré me saisit, je m'achète des sucettes plutôt acides en boulangerie. J'ai constaté que je mettais plus de temps à les finir que les paquets de bonbons. On en mange moins et ça dure plus longtemps.

N.B. : ne prenez pas la sucette taille xxl.

J'ai comme une petite envie de sucré

- Vous avez faim ? Mangez.
- Vous avez froid ?
  Mettez un pull au lieu de boire un chocolat chaud.
- Vous êtes fatiguée ?
  Dormez où faites une pause plutôt que de manger un bout de fromage.
- Vous êtes stressé ?
  Soufflez, hurlez dans votre matelas plutôt que de finir les biscuits.

Mais par pitié, arrêtez de manger systématiquement comme je l'ai fait pendant des années. Cela ne m'a pas calmée, cela m'a fait grossir.

CARNET PRATIQUE
d'une cuisinière avertie

Bons plans dans ma cuisine et au restaurant pour manger (toujours léger !) sans me compliquer la vie !

~76~
Le désespoir
du frigo vide

JE CROIS QUE LE PIRE DANS MON QUOTIDIEN, C'EST D'OUVRIR MON RÉFRIGÉRATEUR ET D'Y VOIR LES GRILLES BLANCHES VIDES. Du coup, je fais mes courses régulièrement et je m'organise pour ne pas vivre cette angoissante situation. Petits conseils au supermarché : ne campez pas dans certains rayons (ceux du chocolat, de la charcuterie, du fromage, des gâteaux…). Par contre, vous êtes autorisées à dévaliser le rayon lingerie ou fines herbes à volonté. C'est pas beau ça ?

L'angoisse !

Le jour où j'ai inventé cette recette, j'étais tombée très bas dans l'organisation de mes courses. Je n'avais plus rien : le désert dans mon frigo… Les seuls aliments qui avaient échappé à la razzia de la semaine étaient 4 œufs. Ni une ni deux, je n'avais pas le choix, l'heure du repas allait sonner et j'avais 3 affamés à la maison en train de me mettre la pression.

Je hais cette phrase !

« *Maman, qu'est-ce qu'on mange ?* »

GALETTE DE MAÏS
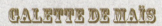

1 boîte de maïs + 1 boîte de champignons émincés + oignons + sel + poivre + œufs + lait écrémé

J'ai fais revenir le maïs, les champignons et les oignons avec du sel du poivre. J'ai battu mes 4 œufs en omelette avec du lait écrémé. J'ai versé le tout dans la poêle et j'ai obtenu une galette de maïs et champignons. Franchement, c'était mal parti et bien, le résultat a été au-delà des mes espérances. Personne n'a bronché et le repas nous a rassasiés.

~ 77 ~
Faire ses courses en étant affamée : *grossière erreur*

Liste pour de bonnes courses

- J'évite certains rayons (à adapter en fonction de vos faiblesses).
- N'oubliez pas les légumes.
- N'entamez pas les paquets de brioche pendant vos emplettes, d'où l'importance de manger avant. Et puis un paquet de brioche pour pousser le chariot, ce n'est pas un peu trop énergétique ? Sauf si vous décidez de tirer le chariot en marche arrière et à cloche-pied. Mais courage !
- Limitez votre budget, on fait de meilleurs choix quand on va à l'essentiel. Depuis qu'une amie, Christelle, m'a conseillé de limiter mes courses pour quatre à 150 euros par semaine, je m'organise mieux. J'évite d'acheter inutile et surtout de laisser certains produits se périmer.

moins **26 kilos** = 1 bouteille de gaz pleine

Faut-il foncer sur les promos?

Avant, j'achetais souvent les promos, genre 20 brioches pour le prix de 10. J'en suis revenue, car en fait, pour que l'affaire soit rentable, on mange 2 fois plus de brioches (sinon elles sèchent et on les jette).

Et vous ?

Petit conseil

Surtout, n'allez jamais faire vos courses le ventre vide et avec la carte bleue de votre conjoint. J'ai remarqué qu'à ce moment bien précis j'achète sans compter.

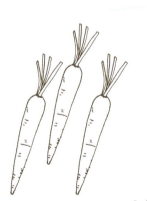

La recette nécessite 3 carottes, pourquoi en acheter 1 kg ?

~ 78 ~
Mes petites courses *indispensables*

Au rayon frais
- Fromage blanc 20 % MG
- Yaourts nature, yaourts au lait de soja, yaourts à boire
- Du fromage : roquefort, chèvre frais, gruyère, parmesan, fromage frais (type St Morêt), cancoillotte
- Crème fraîche à 15 % MG, crème de soja
- Beurre en dosettes de 10 g
- Chantilly
- Tofu
- Œufs

Au rayon boucherie et volaille
- Viande

Au rayon charcuterie et traiteur
- Jambon cru sans couenne et bacon

Au rayon poissonnerie
- Saumon fumé
- Poissons

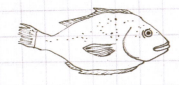

Au rayon des conserves

- Sauce tomate au naturel
- Tomates concassées
- Thon au naturel
- Sardines au citron sans huile
- Maïs
- Cœurs de palmier
- Petit pois–carottes
- Flageolets
- Haricots rouges
- Haricots verts (en bocal en verre)
- Lait de coco
- Lait concentré non sucré

Au rayon des surgelés

- Soupes
- Oignons, ail, échalotes, herbes fraîches
- Des fruits (mangues, framboises…) et légumes quand ce n'est pas la saison

Ça dépanne

- Jus de poulet rôti (Knorr)
- Moutarde, cornichons
- Viandox ou Saveur Maggi
- Ketchup
- Poivre + épices
- Gros sel

Au rayon épicerie salée

- Semoule de blé fine, boulgour
- Riz, quinoa, blé
- Légumes secs

Au rayon des huiles, condiments et aromates

- Huile d'olive (parfumée au basilic ou au citron)
- Huile Isio 4
- Vinaigre balsamique noir et blanc
- Crème de vinaigre balsamique
- Vinaigre de xérès, à la framboise, à l'échalote
- Vinaigrette sans huile
- Sauce pour nems

Au rayon des biscuits (avec modération)

- Petits sablés en paquets individuels

Au rayon épicerie sucrée

○ Cacao en poudre (non sucré et sucré)
○ Stevia (édulcorant)
○ Gousses de vanille
○ Cassonade
○ Tisanes
○ Céréales en paquets individuels

Au rayon fruits et légumes

○ Des fruits et légumes ! (ou dans les petits commerces, paniers de saison, à la semaine)

Au rayon des boissons
○ Boissons light

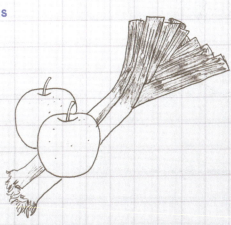

~ 79 ~
Mon matériel de base en cuisine

LES BASIQUES DE LA CUISINE

- 1 poêle
- 1 wok ou 1 cocotte avec de hauts bords
- 1 Cocotte-Minute
- 1 cocotte en céramique pour le four
- 1 mixeur avec bol
- 1 mixeur à bras
- 1 mini-mixeur pour fouetter la crème pour un cappuccino, des cocktails, des milk-shakes, les œufs…
- 1 petite balance pour les aliments
- De nombreux moules individuels en silicone

Mes petits plus

- 1 barbecue d'intérieur. Ils sont garantis sans fumée ! Une façon sympathique de faire le régime grillade (page 104).
- 1 siphon pour transformer les crèmes en chantilly salée ou sucrée.

ON/OFF

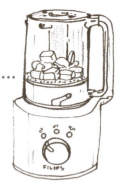

MERCI D'OUBLIER LES ROBOTS EN KIT : il faut 2 heures pour le monter ! Simplifiez-vous la vie en choisissant un robot premier prix : un bol, une lame et une touche on/off.

INFO

IL EXISTE DES FEUILLES EN TÉFLON ALIMENTAIRE qui dorent la viande ou le poisson sans ajouter d'huile. Le nom fait peur mais c'est super efficace pour limiter les matières grasses. Elles existent aussi pour le four.

CADEAU SUPRISE

ON M'A OFFERT UN APPAREIL QUI COUPE TOUT EN QUELQUES SECONDES : très pratique et manuel, il détaille en dés ou en bâtonnets fruits/légumes/fromages/fines herbes et toutes sortes d'autres produits.

Les aliments coupés atterrissent directement dans un bol fixé à l'appareil. J'étais surprise au début par ce cadeau et maintenant très heureuse de l'avoir. Simple, rapide d'utilisation et qui se nettoie facilement.

Merci Mamou !

~ 80 ~
Lisez bien *les étiquettes !*

AU FIL DU TEMPS, JE ME SUIS PERFECTIONNÉE DANS LA LECTURE DES ÉTIQUETTES, surtout le jour où j'ai voulu manger une purée en flocons. En lisant l'étiquette, j'ai constaté qu'il n'y avait pas moins de 5 « E » (E471, E450, E100, E304, E223). C'était dingue pour une simple purée de pomme de terre, alors que c'est quand même facile de la faire soi-même ! J'ai donc fait une recherche et j'ai appris que tous ces E sont des colorants, des conservateurs, des acidifiants, des émulsifiants… Il est peut-être intéressant de limiter ses « E » dans l'assiette, surtout quand ce sont des colorants, quel intérêt ? Ne vous faites pas avoir avec les arômes artificiels, ils envahissent les produits de nos supermarchés. Ce n'est que du faux pour exciter nos narines (l'arôme vanille, la saveur fraise des bois, le goût barbecue…).

Savez-vous que l'ordre des ingrédients d'un produit vous indique sa composition dans l'ordre décroissant ? Regardez par curiosité la place réservée aux fruits dans un yaourt ou un fromage blanc…

« MOUSSE DE LAIT », « YAOURT LÉGER »...

Sur les étiquettes de yaourts et fromages blancs, vous craquez sur « légèreté », « léger », « doux », « mousse », « nuage »... Mais ces appellations ne sont pas la preuve de moins de calories, **CAR IL N'Y A QUE LA MENTION ALLÉGÉE QUI EST RÉGLEMENTÉE PAR LA LOI.**

légèreté

léger, doux

mousse

nuage ...

« SANS SUCRE » ?

La mention « sans sucre » ne veut pas dire « sans calorie » mais « sans saccharose » ! Le fructose est aussi calorique que la saccharose, avec un pouvoir sucrant supérieur. Quant aux polyols comme le sorbitol, ce sont des édulcorants qui apportent des calories mais qui n'agressent pas vos dents.

CHOCOLAT LIGHT
OU CHOCOLAT ORDINAIRE ?

POUR MAIGRIR, NE VOUS ORIENTEZ PAS VERS LE CHOCOLAT LIGHT MAIS PLUTÔT VERS LE CHOCOLAT ORDINAIRE. Les deux types de chocolat ont quasiment le même nombre de calories, mais il y a plus de lipides dans du chocolat light… et ce sont les lipides en abondance qui vous feront grossir. Cette indication est plus importante que la mention des calories.

Le chocolat, c'est que du plaisir et pas pour se nourrir.

Ce n'est pas parce qu'un emballage est vert que le produit est bio…

SAUCISSES DE VOLAILLE

La volaille nous fait tout de suite penser au régime, mais quand le mot « volaille » est associé au mot « saucisse » **SOYEZ EN ALERTE**. Si nos saucisses étaient faites uniquement avec du blanc de poulet, elles seraient bien sèches.

LIPIDES GRAS SATURÉS

Sur chaque étiquette sont indiqués les taux de lipides, glucides, protéines. **LES « LIPIDES DONT SATURÉS », CE SONT LES MAUVAISES GRAISSES, CELLES QUI FONT AUGMENTER LE MAUVAIS CHOLESTÉROL QUI BOUCHE NOS ARTÈRES.** Les best pour la santé ce sont les acides gras mono-insaturés, présents dans l'huile d'olive et de noix. Les acides gras poly-insaturés aident à faire baisser le cholestérol (les oméga-3 en font partie, on en trouve dans les poissons gras comme le saumon, le thon frais, les anchois, le hareng, le maquereau…).

~ 81 ~

Le marché
de saison

artichaut

asperges

Les légumes de printemps :
artichaut, asperge, concombre, courgette, épinards, haricot vert, navet, oseille, petits pois, pois gourmands, tomate

Les légumes d'été :
artichaut, aubergine, concombre, courgette, haricots en grains, haricot vert, petits pois, pois gourmands, poivron, tomate

Les légumes d'automne :
céleri branche, céleri-rave, chou (brocoli, rouge, blanc, vert, de Bruxelles), endive, épinards, mâche et cresson, navet, potiron

aubergine

poivron

navet

laitue

potiron

Les légumes d'hiver :

céleri-rave, chou (brocoli, rouge, blanc, vert, de Bruxelles), endive, mâche et cresson, navet, potiron

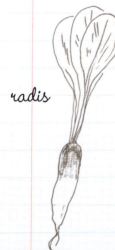
radis

Les légumes présents toute l'année :

betterave, carotte, chou-fleur, fenouil, poireau, pomme de terre, radis, salade (chicorée, laitue)

Cueillette des champignons :

septembre : cèpe (ou bolet)

de mars à septembre : girolle (ou chanterelle)

les champignons de Paris = toute l'année

champignons de Paris

fraises

Les fruits de printemps :
avocat, fraise, mangue, pomme

figue

Les fruits d'été :
abricot, cassis, cerise, figue, fraise, framboise, groseille, melon, mûre, myrtille, nectarine et brugnon, pêche, poire, prune, raisin

Les fruits d'automne :
avocat, clémentine, figue, orange, poire, pomme, raisin

abricot

raisin

pomme

clémentine

Les fruits d'hiver :
avocat, clémentine, mandarine, orange, poire, pomme

Les fruits présents toute l'année :
ananas, banane, citron et citron vert, fruit de la Passion, noix de coco, pamplemousse

poire

noix de coco

ananas

Les conserves
du placard

EN FAIT LES CONSERVES NOUS REBUTENT, mais les vitamines y sont préservées et c'est plus sain que des vieux légumes dans le bac du réfrigérateur depuis 3 semaines. Un gain de temps incroyable. Même si je n'aime pas tout, j'ai ma petite sélection d'indispensables.

UNE CONSERVE OÙ EST INSCRIT LE MOT :

Préparé = c'est sans matière grasse
Cuisiné = c'est avec matière grasse, donc plus de calories

P-S : je compte sur votre œil de lynx.

Dans mon placard...
- Maïs
- Thon au naturel (si je rince la boîte, j'élimine 50 % de sel)
- Sardine sans huile
- Maquereau au vin blanc
- Préparation à base de poivrons, tomates et aubergines
- Petits pois-carottes
- Haricots rouges
- Flageolets
- Cœurs de palmier
- Ananas sans sucre ajouté

Ne bannissez pas les conserves comme les sardines à l'huile mais ne saucez pas avec du pain si vous souhaitez perdre du poids.

~ 83 ~

Organisation et congélation

LE MOT D'ORDRE POUR MAIGRIR, C'EST ORGANISATION. Pensez aux moments de flemme… ils existent et sont plus fréquents qu'on ne le pense.

Que de produits j'ai pu congeler dans ma vie pour gagner du temps !

JE CONGÈLE :

- Un reste de fromage.
- Une part de moelleux au chocolat (plutôt que de finir sans plaisir).
- Un reste de pâte à la bolognaise (si je n'ai plus faim).

RAPPELEZ-VOUS : RIEN NE SE PERD

Je ne sais pas pourquoi, mais quand je fais du riz, j'en fais 3 fois trop. Pour éviter le gaspillage, je mets le surplus de riz froid dans un sac de congélation. Le jour où la fameuse flemme se fait sentir, je sors le sachet congelé, je le passe 2 minutes au micro-ondes et voilà : un riz vite fait bien fait ! Rien à faire, j'adore ! De plus, je limite la quantité absorbée car mes sachets ont été quantifiés.

MES AMIS LES SURGELÉS

J'ai mon magasin fétiche de surgelés, ça dépanne quand je n'ai pas envie de cuisiner.

J'aime y acheter :

- Des asperges vertes
- Des coquilles Saint-Jacques au vin blanc
- Un plat préparé, comme le pavé d'autruche et ses haricots verts
- Des pommes de terre au four
- De la salade verte avec chèvre chaud
- De la salade de fruits exotiques

~ 84 ~
Manger sain
=
manger bio ?

POUR TENTER DE MANGER PLUS SAINEMENT, FAVORISEZ LES PRODUITS DE SAISON OU MANGEZ UN PEU PLUS BIO. Pourquoi ? Beaucoup de pesticides sont présents dans vos courgettes d'hiver car elles viennent souvent du Maroc et il faut assurer le transport… donc plus de pesticides pour le supporter. Les tomates et la salade produites en hiver sont obligatoirement cultivées en serre, donc là aussi pesticides à gogo. Suivez les saisons et profitez de chaque période pour vous faire plaisir si le bio ne vous tente pas. Même le vin est contaminé car le raisin est bombardé de pesticides.

Un jour ma fille Emma m'a dit une petite phrase qui m'a bien fait rire: « Ok maman, 5 fruits et légumes par jour, mais au bout de 3 pastèques j'suis calée ».

Visitez les salons bio pour faire le plein d'idées, vous trouverez sur internet les adresses et les dates de ces manifestations.

Retenez que manger sain c'est manger maison.

Cauchemar en cuisine :
le poulet au gros sel

J'AVAIS ENTENDU DIRE QUE LE POULET AU GROS SEL ÉTAIT SIMPLE À FAIRE. Ce soir-là, j'avais décidé d'essayer cette recette. J'ai donc saupoudré mon poulet entier de gros sel et je l'ai mis dans mon four, en espérant épater ma famille. Bilan catastrophique : la cuisson fut interminable, mon sel n'a pas fondu, je m'attendais à avoir une coque de sel autour du poulet. Au final, j'ai obtenu un poulet qui baignait dans le gros sel. C'était vraiment super salé : on a eu soif toute la nuit. J'avoue, je m'y étais prise un peu tard. Mais la grosse erreur que j'ai commise, c'est de ne pas avoir fait de « pâte à sel » pour réaliser la coque : il faut faire une pâte en mélangeant de la farine, de l'eau et du sel pour entourer le poulet.

J'aurais dû prendre des cours de cuisine.

Vous pouvez opter pour une caille au repas, ça fait genre j'ai mangé un poulet mais à dose homéopathique.

~ 86 ~
Mes gros ratages *en cuisine*

DÉCONGÉLATION HÂTIVE

La première fois que j'ai voulu décongeler des coquilles Saint-Jacques, je l'ai fait dans du lait, comme précisé sur le paquet. Après une demi-journée dans le réfrigérateur, j'avais une boule de glace lait + saint-jacques, un vrai cauchemar. **PENSEZ À LE FAIRE PLUS LONGTEMPS À L'AVANCE ET BAISSEZ UN PEU LA TEMPÉRATURE DU FRIGO.**

BOUILLIE DE POMMES

RIEN DE PLUS AGRÉABLE QUE DE FAIRE SA TARTE TATIN surtout quand on a décidé d'utiliser moins de beurre que dans la recette d'origine, mais le problème se pose quand on n'a pas choisi les bonnes pommes. Sachez que les pommes doivent rester fermes à la cuisson, alors oubliez la golden, j'ai obtenu une tarte avec une compote dedans.

Des pommes à cuire auraient été les bienvenues...

MOUSSE AU CHOCOLAT À L'ŒUF DUR

MON EXPÉRIENCE DE LA MOUSSE AU CHOCOLAT N'A PAS ÉTÉ UNE FRANCHE RÉUSSITE. Le jaune d'œuf doit impérativement être mélangé au chocolat fondu quand il est bien refroidi, car s'il est trop chaud vous obtiendrez comme moi un jaune d'œuf dur dans le chocolat (voir recette alternative page 112).

ÉPONGE D'AUBERGINE

Quand nous décidons de maigrir, parfois nous sommes prêtes à tout. Je vous déconseille l'aubergine à l'eau, c'est un cauchemar : la texture, la couleur et le goût… **CHEZ MOI, ON S'EN SOUVIENT ENCORE.**

On combat les galères avec ces astuces...

- Pour apprécier une salade avec du soja comme au restaurant, n'oubliez pas d'ébouillanter le soja. Ainsi il reste ferme et non amer.
- Pour préserver le vert des légumes, faites-les refroidir tout de suite après la cuisson, avec de l'eau froide et des glaçons. En plus, cela évite qu'ils continuent à cuire et ils restent croquants.
- Pour éviter que les pommes, les poires ou les champignons ne noircissent à cause de l'oxydation, arrosez-les avec du jus de citron.
- Apprenez à bien vous servir de votre four, ce qui n'est pas forcement facile entre les temps de cuisson, la température...
- Beurrez un peu les moules en verre pour éviter un démoulage périlleux.
- Chauffez toujours bien votre poêle pour faire revenir la viande, sinon la viande n'est pas saisie mais bouillie.
- Faites cuire des ingrédients de même calibre, ça évite les surprises : par exemple, ne mettez que des pommes de terre de la même taille !

~ 87 ~
Mes astuces cuisine :
à base de farine !

- Farinez toujours les fruits secs ou les pépites de chocolat avant de les mélanger à des préparations sinon ils tombent au fond du plat et ne sont pas éparpillés dans le gâteau.
- Pour fariner légèrement un poisson ou une viande, utilisez un sac de congélation. Mettez le tout dedans et remuez.
- Pour qu'une viande caramélise sans lâcher d'eau pendant la cuisson, farinez-la légèrement, sinon elle bout.
- Pour éviter les grumeaux dans les préparations liquides, utilisez de la farine fluide.

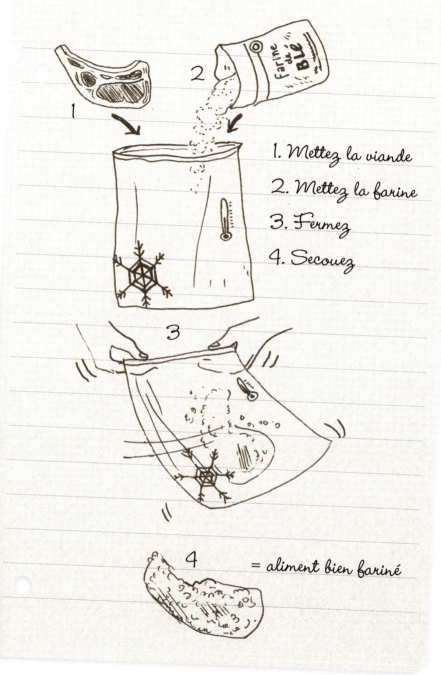

~ 88 ~

Mes astuces cuisine : *pour plus de goût*

SAVEUR EXOTIQUE

JE NE SUIS JAMAIS PARTIE DANS LES ÎLES. Pendant longtemps, j'ai rêvé de faire une croisière exotique avec comme compagnon de voyage M. Soleil, mais depuis que j'ai vu le film Titanic, ça m'a refroidie… Du coup, je mets dans mes poêlées de crevettes ou de viandes blanches, du lait de coco. Un vrai bonheur ! Je voyage gratuitement sans risquer le naufrage…

SUCRE PARFUMÉ

Pour parfumer l'édulcorant ou le sucre roux, je glisse dans la boîte **UNE GOUSSE DE VANILLE**.

JUS DE POULET DÉGRAISSÉ

Après la cuisson du poulet dans une cocotte (sans matière grasse évidemment), je garde le jus. Quand il est froid, je le dégraisse et je le conserve pour l'utiliser une autre fois pour donner du goût à mes légumes ou mes féculents. Tous les sucs de viande apportent du goût mais sans les lipides.

NON AU POISSON BOUILLI !

RIEN DE PLUS DÉSAGRÉABLE QU'UN POISSON BOUILLI NATURE À L'EAU. Choisissez bien le poisson, il est vrai que les poissons d'élevage sont plus gras mais choisissez un label de qualité lors de vos achats, car parfois les gros poissons sauvages vivent dans des mers en fait très polluées.

PARFUM D'ASIE

ON TROUVE LA CITRONNELLE EN BÂTON OU EN POUDRE. C'est très agréable dans la cuisine pour parfumer vos poêlées, les poissons, le poulet ou les légumes.

NOTE ÉPICÉE

Pensez au safran que vous pouvez ajouter dans le riz, le poisson, les œufs.

Il donne du goût et colore les plats.

~ 89 ~
Mes astuces cuisine :
pour diminuer les calories

JE REPRENDS DES ANCIENNES RECETTES FÉTICHES mais trop caloriques, je les modifie en réduisant la part de certains ingrédients comme l'huile, le beurre, les viandes grasses…

QUELQUES ADAPTATIONS TRÈS SIMPLES

CHARCUTERIE : J'adore la mortadelle, pour l'alléger je retire les points blancs… c'est du gras ! Prenez aussi du saucisson allégé.

TARTE : Pour faire une tarte légère, j'utilise des feuilles de brick.

FRITES : Je ne mets, dans ma friteuse électrique, qu'une seule cuillerée à soupe d'huile pour 1 kg de pommes de terre. Et si je prends des frites surgelées je n'ajoute rien.

GÂTEAUX : À la place du sucre, je mets des fruits dans les gâteaux.

Des ustensiles adaptés pour réduire les calories

- Cuisinez dans des mini-cocottes ou, de manière générale, utilisez des petits récipients.
- Individualisez les parts de gâteaux : prenez des moules à muffins ou à cupcakes.
- La poêle antiadhésive est indispensable !
- Prenez des moules en silicone pour éviter de les beurrer.

C'est vrai que c'est beaucoup d'efforts tout cela. Mais y en a marre d'avoir le corps en forme de guitare, esthétiquement je préfère la flûte.

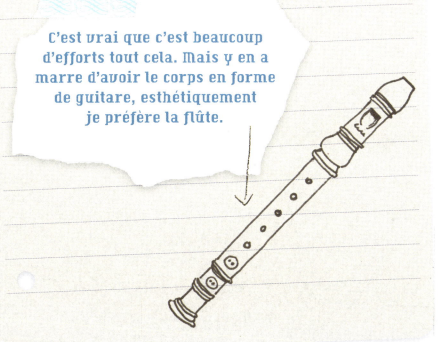

~ 90 ~

Mes astuces cuisine
anti-gaspillage

JE N'AIME NI JETER NI GASPILLER LES ALIMENTS. Mais je ne suis pas la poubelle des autres, celle qui finit les restes… Alors je m'adapte.

LA SALADE DU TOUT-VENANT

Je garde tous les restes et j'en fais une salade composée. Je la nomme : **LA SALADE TOUT-VENANT**.
Exemple : un reste de ratatouille, des haricots verts, des pâtes, du riz ou du blé, du jambon, des blancs de poulet, un petit bout de fromage…

Il suffit d'un peu d'imagination pour créer cette salade !

VIANDE MIXÉE ET LÉGUME RÂPÉ

Parfois, il me reste très peu de viande pour le repas du soir donc je mixe ce qui reste de viande : ça apporte un volume plus important. Et pour équilibrer l'assiette avec de la verdure, avez-vous testé la courgette râpée ? **C'EST UNE SUPER INVENTION POUR DONNER DU VOLUME AUX PLATS.** En plus, ça cuit très vite. Je la mélange aux pâtes ou au riz dans un plat à gratin. Au four, et à table !!!

MÉMO ANTI-GASPI

- Des fruits un peu abîmés : je fais une compote.
- Du pain complet tranché : je le mets au frigo pour le conserver plus longtemps.

CHOCOLAT FONDU

S'il me reste des chocolats après Noël ou Pâques, je fais fondre tout ça et j'en fais un gâteau à partager en famille, au lieu de les grignoter tous les jours jusqu'à épuisement des stocks.

~ 91 ~
Mes astuces cuisine : que faire des restes de fromage ?

JE NE SAIS PAS POURQUOI, MAIS QUAND J'INVITE, J'AI TOUJOURS PEUR QUE MES AMIS SORTENT DE TABLE EN AYANT FAIM. Je pourrais me dire qu'au moment du fromage les invités sont rassasiés et donc prévoir des portions raisonnables de fromage, mais je n'y arrive pas. Conséquence : après la soirée, on finit les restes de fromage pendant des semaines. Au final je prends 2 kilos. Il faut réagir ! Donc ma solution : une tenue adaptée lors du repas, finie la djellaba ! Portez du cintré, vous calerez plus vite et fuyez la jupe à élastique, car avec elle, il y a toujours de la place.

> **RECADRONS AU PLUS VITE POUR LIMITER LES KILOS.**

Congelez les restes de fromage en portions ; pour les pâtes dures comme le gruyère et pour d'autres fromages, possibilité de les congeler entiers.

UTILISEZ LES FROMAGES CONGELÉS AU COMPTE-GOUTTES, en fonction des vos besoins. Cette astuce m'a changé la vie. Je ne suis plus dans l'urgence de finir pour ne pas avoir à jeter.

Faire une pizza maison avec des légumes et les restes de fromage

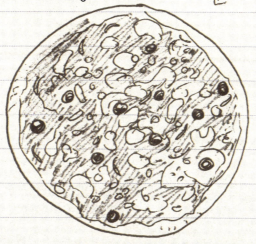

À partager en famille pour réduire les quantités. Elle n'est pas pour vous toute seule !!!

~ 92 ~
Marinade
scientifique

FINI LES MARINADES INTERMINABLES QUI ENCOMBRENT MON RÉFRIGÉRATEUR ! Vous savez combien je n'aime pas perdre mon temps en cuisine, donc me voici un samedi après midi vers 18 heures, j'avais des invités surprises ce jour-là. J'étais motivée pour faire un rôti de porc au vin blanc. J'avais le rôti, j'avais le vin mais je n'avais pas le temps de laisser mariner mon morceau de viande pendant 2 heures. Alors le souvenir d'une émission de télé intitulée « La cuisine et la science » m'a totalement inspirée.

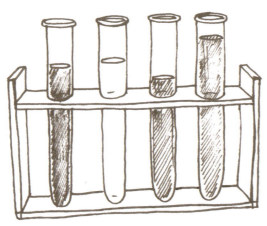

Merci la cuisine moléculaire !

1 J'ai couru à la pharmacie. Oui, oui ! Je ne suis pas folle, à la pharmacie, pour acheter l'outil miracle de ma préparation : une seringue avec une aiguille au diamètre large.

2 Placez le rôti dans le plat, remplissez la seringue de vin et piquez la bête pour faire passer l'alcool au cœur de la viande.

3 Du sel, du poivre, quelques oignons et dans le four.

4 Et pendant ce temps, vous pouvez aller vous refaire une beauté. Il n'y a plus qu'à attendre la fin de la cuisson.

~ 93 ~
L'eau est-elle mon vrai partenaire *minceur* ?

L'EAU NE FAIT PAS MAIGRIR, SI C'ÉTAIT LE CAS NOUS LE SAURIONS TOUTES ET NOUS SERIONS EN TRAIN DE LIQUIDER DES PACKS D'EAU. Elle permet une bonne hydratation et l'élimination de nos toxines (en plus grande quantité lors d'un régime).

Pour votre consommation habituelle, pensez à répartir sur la journée vos verres d'eau pour ne pas liquider le litre en 3 minutes sous prétexte que vous avez oublié de boire avant. Prenez un verre d'eau avec le café, comme en Italie. Ça tombe bien le café est diurétique donc le verre d'eau est conseillé. Prenez des petites bouteilles plus faciles à vider car avec les grandes on a du mal à faire passer le niveau sous l'étiquette.

IL FAUT BOIRE SUFFISAMMENT.

Et puis quand on boit, on mange moins.

Alerte :
Plus on boit plus on a soif, ne devenez pas « chameau ».

==Attention aux eaux aromatisées,== qui sont parfois très caloriques, lisez bien les étiquettes.

==Aromatisez vous-même l'eau,== pour lui donner un bon petit goût :
- eau + Pulco citron ou orange (prudence avec les autres parfums plus caloriques et riches en sucre)
- eau + édulcorant
- eau + feuilles de menthe
- eau + Antésite (goût réglisse ou différents parfums)

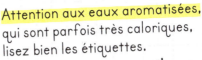

Même l'eau du robinet peut être riche en pesticides, demandez conseil auprès de votre mairie.

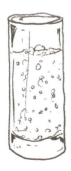

J'aime bien faire des petites cures d'eau. Je fais régulièrement une cure d'Hydroxydase, eau d'Auvergne légèrement carbogazeuse riche en calcium et en magnésium.

~ 94 ~
Ne salez pas trop !

LIMITEZ VOTRE CONSOMMATION DE SEL, SON EXCÈS EST L'UN DES FACTEURS DE L'HYPERTENSION ARTÉRIELLE.
Nos besoins sont de 1 ou 2 g par jour, or on en consomme en moyenne 8 g, car le sel est partout, caché dans les aliments. Même le chocolat en contient, alors les plats préparés, n'en parlons pas. Faites des efforts et cuisinez vous-même. En plus c'est meilleur, il y a moins d'additifs et de conservateurs.

Pour certaines viandes, comme la bavette, je sale avant. Par contre, pour le poulet et l'entrecôte, je sale après, car certaines viandes dégorgent plus que d'autres avec le sel.

Pour éviter l'humidité dans le sel de table, ajoutez quelques grains de riz cru.

Restez déterminée !

Découpez et glissez cette ardoise dans votre porte-feuille pour vous éviter de craquer...

JE N'AI JAMAIS FORCÉ MES ENFANTS À FINIR LEUR ASSIETTE

LA RÈGLE EST LA MÊME POUR NOUS TOUTES AUSSI !

~ 95 ~
Réduire l'huile

IL NE S'AGIT PAS D'ÉLIMINER L'HUILE DE VOTRE CUISINE, MAIS D'EN METTRE UN PEU MOINS. Ne versez pas l'huile directement de la bouteille, servez-vous de cuillères et même de petites cuillères. Appréciez le goût de l'huile, variez les parfums pour plus de saveurs, identifiez les aliments qui demandent le plus de matière grasse pendant la cuisson (comme l'aubergine…). Pensez aux papillotes, aux gratins, aux herbes, aux poêles spécifiques.

Ça marche aussi pour le vinaigre

Préparation des sauces

Je mets souvent du lait, du yaourt ou de la crème fraîche dans mes recettes pour éviter trop d'huile ou de beurre.

N'oubliez pas les matières grasses végétales, sous toutes leurs formes (huiles, fruits secs…), à limiter mais pas à supprimer.

CUISSON DE LA VIANDE

Si vous cuisinez une viande grasse, jetez le gras que la viande a rejeté. Ne mettez pas systématiquement de l'huile dans la poêle. Laissez cuire l'aliment dans son propre gras. Une fois l'huile chauffée, vous saurez si vous en avez trop mis car l'huile se dilate et à ce moment-là on peut en éliminer une partie.

POMMES DE TERRE SAUTÉES ALLEGÉES

Précuisez certains aliments comme la pomme de terre à la vapeur et ensuite faites-les revenir dans un peu d'huile pour la dorer à l'extérieur sans l'imbiber en totalité.

On triche

Épongez avec du papier absorbant le poisson pané et les sardines à l'huile.

~ 96 ~
Le bon goût du vin cuit

VIN OU VINAIGRE ? Ce que j'aime dans la cuisine, c'est le goût du vin cuit. Comment faire si vous n'avez pas de vin sous la main ? Bonne question ! Remplacez le vin rouge par du vinaigre à l'échalote. Vous pourrez aussi l'utiliser en marinade ce qui donnera un goût fumé aux viandes.
P-S : je n'irais pas jusqu'à faire un bœuf bourguignon de cette façon.

hummm... la bonne odeur du vin dans le bœuf bourguignon...

GLAÇONS DE VIN

Ne jetez plus vos fonds de bouteilles de vin après le départ des invités. Versez-les dans un bac à glaçons. Le jour où pour une super recette vous devrez déglacer votre viande au vin ou parfumer vos papillotes, sortez un ou plusieurs glaçons de vin. **C'est pratique et économique,** surtout quand on ne boit pas d'alcool : inutile d'ouvrir une grande bouteille.

~ 97 ~
L'avantage du restaurant...

NE VIVEZ PAS EN ERMITE, VOUS AVEZ LE DROIT D'ALLER AU RESTAURANT. Ça fait du bien, ne focalisez pas tout sur le régime. Et puis l'avantage du restaurant, c'est qu'on ne se sert qu'une fois. Il ne viendrait à personne l'idée de demander au cuisinier un peu de rab.

LA TENTATION DU BUFFET

Je suis partie en vacances à Hammamet avec ma fille, dans un superbe hôtel. Nous avions pour objectif : moi, de me reposer, elle, de faire du sport. Au moment des repas, la tentation du buffet est toujours un cap difficile à passer, surtout quand celui-ci est particulièrement beau et bon. En Tunisie, les serveurs sont aux aguets : si vous vous levez pour aller chercher du pain pour saucer votre assiette, à votre retour, c'est mort, l'assiette a disparu. Dommage pour les gourmandes mais parfait pour la ligne.

MÉMO RESTO

- Les doses sont raisonnables, vous mangez pour une personne.
- On ne se ressert pas.
- C'est bon.
- Il n'y a rien à faire.
- À la fin, on n'a plus faim.
- On peut faire des choix, décider, et ça c'est une grande force.

> Sachez vous limiter : non, non, on ne finit pas la salade de décoration, ce n'est pas obligatoire.

MAIS LE PLUS IMPORTANT, C'EST DE RÉÉQUILIBRER LE SOIR SI VOUS ALLEZ AU RESTAURANT LE MIDI, OU RÉCIPROQUEMENT. 1 excès par jour est largement suffisant. Soyez curieuse posez des questions au serveur pour connaître les ingrédients des préparations (sauce, quantité, mode de cuisson…).

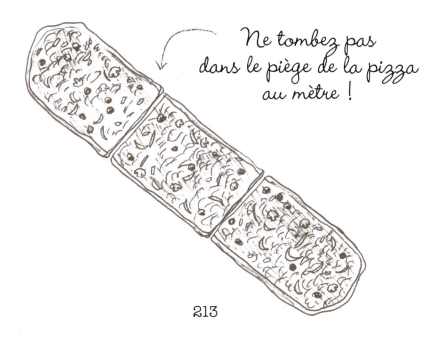

Ne tombez pas dans le piège de la pizza au mètre !

~ 98 ~
Les bons choix
(= *légers*)
au restaurant

Dans une cafétéria
- 1/2 pamplemousse
- Carottes râpées, betteraves, concombres, endives… (sauce à part)

- Daurade et carottes Vichy
- Merlu à la tomate
- Gratin d'endives au jambon
- Rôti de bœuf + ratatouille

- 1/2 melon ou fruit de saison
- Île flottante

Un bon plateau

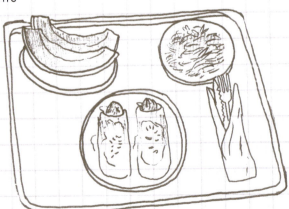

Dans une brasserie

Si vous n'avez pas le choix,
et c'est souvent le cas,
limitez la casse.

- Crudités (sauce à part)
- Croque-monsieur
- 1 boule de sorbet ou de glace

Dans un restaurant chinois

- Rouleau de printemps

- Bœuf aux oignons ou gingembre
- Coquilles Saint-Jacques
- Crevettes au curry
- Fondue chinoise (sans les sauces)
- Poulet aigre-douce

- Riz blanc
- Légumes chinois

- Litchis

Dans un restaurant indien
- Raita de concombre ou tomate ou menthe

- Crevettes au lait de coco
- Filet de poisson avec yaourt
- Homard tandoori
- Poulet tandoori
- Poulet aux lentilles
- Poisson Balti
- Lentilles avec épinards
- Légumes Korma
- Riz
- Pommes de terre à la coriandre

Dans un restaurant italien
- Pizza tomate-mozzarella, Margarita ou Reine
- Pâtes au saumon
- Minestrone
- Poulet marengo

- Fruits frais

Dans un restaurant japonais
- 7 sushis, 6 makis <u>ou</u> 4 brochettes yakitori
- Riz blanc

Dans un fast-food américain
- Petite salade
- Hamburger de base
- Sachet de carottes

- Yaourt aux fruits
- Fruits à croquer
- Eau ou boisson light

Dans une boulangerie
- Sandwich thon-œuf-crudités (sans mayonnaise)
- Sandwich poulet-crudités (sans mayonnaise)

~ 99 ~
C'est quoi, *concrètement*, faire un régime ?

FAIRE UN RÉGIME, C'EST MANGER MOINS ET RÉDUIRE L'APPORT EN CALORIES DONT VOTRE CORPS A BESOIN POUR FONCTIONNER. Aucun aliment n'est à interdire. Tout est question de dosage. Si j'ai grossi, ce n'est pas parce que j'ai mangé de tout mais **TROP** de tout. Gérer son assiette est très important, même au-delà du régime : tout simplement pour préserver son capital santé. Et rassurez-vous, vous n'êtes pas seule, on lutte tous dans la vie. Certains pour perdre du poids, d'autres pour leur entreprise, leur vie de couple, leurs enfants, leur santé, leur travail, leur budget…

UN LIVRE PEUT-IL ME FAIRE MAIGRIR ? Il peut déclencher un déclic, une prise de conscience, une envie de se poser les bonnes questions. Faire un régime seule, c'est trop difficile. N'oubliez pas d'aller voir un médecin ou plusieurs comme une diététicienne, un psychiatre, une nutritionniste… C'est leur métier d'être à votre écoute, de vous guider et de vous suivre dans votre décision. Une surveillance est indispensable (bilan sanguin, tension, surveillance de la perte de poids, de votre cœur…).

Moi, je ne fais que vous livrer mes astuces de maman qui lutte pour rester mince. Je ne suis pas médecin ni spécialiste, c'est mon expérience et mon vécu que je raconte.

De toute façon pour faire ces démarches, il faut être prête. Soyez à l'écoute de vos envies, de votre corps et de vos besoins. **SI C'EST LE CAS, ALORS FONCEZ ET PRENEZ RENDEZ-VOUS CHEZ MISTER DOC.**

Et rappelez-vous, adoptez la light attitude comme font les vraies minces.

~ 100 ~
Je m'y mets !

J'ai souvent vécu la situation où je me sentais prête à faire un régime, mais comme par hasard le monde entier se décide à m'inviter à dîner juste à ce moment-là. Alors que, depuis des lustres c'est le grand désert. **PAS DE VEINE, J'AVAIS DÉCIDÉ DE M'Y METTRE... J'Y VAIS ET JE VAIS GÉRER !**

Je me prépare psychologiquement en me disant que si Blanche-Neige sort sa tarte aux pommes, je résiste,

si Peau d'âne sort son cake d'amour, je tiens bon.

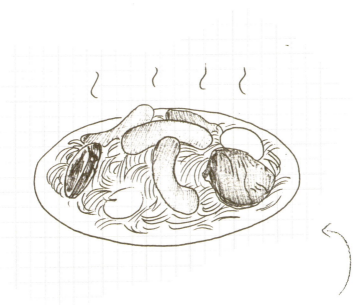

Après la choucroute garnie, on évite le gâteau au chocolat en dessert.

IL Y A AUSSI LES REPAS TRÈS COPIEUX. Que faire face à de la charcuterie en entrée, de la choucroute en plat, du fromage et pour finir un moelleux au chocolat ? Le tout arrosé de vin, complété de pain et autres surprises de dernière minute. Moi, dans cette situation, je choisis en charcuterie le jambon, en plat je mange plus de chou que les autres (même s'il est gras), je divise en 2 voire en 3 les portions qui accompagnent la choucroute. Je mange 2 pommes de terre. Pas de fromage, pas d'alcool (facile, je ne bois pas). Pour le moelleux, je m'imagine que j'ai un appétit d'oiseau (de petit oiseau). Je bois de l'eau dès que je peux. Le lendemain je recadre, je bouge plus et surtout je ne me dis pas « foutu pour foutu, j'arrête de faire attention ».

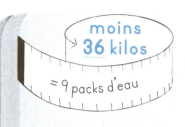
moins **36 kilos**
= 9 packs d'eau

Mon hymne

Moi je veux maigrir
Mais je ne veux pas souffrir

Moi, je veux pouvoir manger et chaque jour me régaler
Perdre du poids sans fringale et vivre une vie normale
Rester motivée sans jamais m'isoler.
Partager en famille des repas plaisant à mes papilles
Voir mon corps changer grâce à l'activité

Moi je veux maigrir
Mais je ne veux pas souffrir

Développer mes petits muscles, c'est chouette
Pour affiner ma silhouette.
Avoir confiance en moi.
Savoir résister aux tentations répétées
En prendre un petit peu et savoir savourer

Moi je veux maigrir
Mais je ne veux pas souffrir

Mon projet enclenché, devoir persévérer
Et si c'est pas le moment, tout simplement prendre son temps.
Arrêter de grossir pour un jour en finir avec ce désir de maigrir.

Anna

Direction de la publication : Isabelle Jeuge-Maynart et Ghislaine Stora

Direction éditoriale : Delphine Blétry

Édition : Mathilde Piton

Direction artistique : Emmanuel Chaspoul

Mise en page : Stéphanie Boulay

Couverture : Véronique Laporte

Illustrations : Marie Beaunay

Lecture-Correction : Joëlle Narjollet

Fabrication : Annie Botrel

Crédits photographiques
Photographies de Olivier Ploton : p. 6 (g.), 53, 60, 116-117, 162, 223
Photographies de Anna Austruy : p. 6 (d.), 38, 122
Photogravure Turquoise, Émerainville

© Larousse 2011

Édition du Club France Loisirs, Paris
Avec l'autorisation des Éditions Larousse

Éditions France Loisirs,
123, boulevard de Grenelle, Paris
www.franceloisirs.com

ISBN : 978-2-298-06858-0
N° éditeur : 72996
Dépôt légal : mars 2013

Achevé d'imprimer en Slovénie par Gorenjski tisk storitve d.o.o., juillet 2013

Toute reproduction ou représentation intégrale ou partielle, par quelque procédé que ce soit, du texte et/ou de la nomenclature contenus dans le présent ouvrage, et qui sont la propriété de l'Éditeur, est strictement interdite.
Les Éditions Larousse utilisent des papiers composés de fibres naturelles, renouvelables, recyclables et fabriquées à partir de bois issus de forêts qui adoptent un système d'aménagement durable. En outre, les Éditions Larousse attendent de leurs fournisseurs de papier qu'ils s'inscrivent
dans une démarche de certification environnementale reconnue.